글씨 바로쓰기

속담편(고학년) 1

스쿨존에듀
SCHOOLZONE

"손이 수고해야 먹고 산다"

내가 쓴 글을 내가 못 읽는다?
- 글씨는 그 사람의 인격을 나타낸다.

깨끗하고 단정한 글씨가 좋은 점수 받는다

방학 중 논술교육에 대한 연수를 받다가 웃지 못할 이야기를 들었습니다. 한 중학교 선생님에게 "초등학교에서 어느 정도까지 지도해서 올려 보내야 할까요?"라고 물었더니 "본인이 쓴 글, 스스로 알아보고 읽을 수 있게나 해 달라"고 하였답니다.

요즘 어린이들은 텔레비전, 인터넷, 유튜브 등에 익숙해져 있는 영상세대로 무엇에 집중하는 인내심이 부족하고 논리적인 사고를 거부하는 경향이 많습니다. 국어과에 '쓰기' 과정이 있음에도 스마트폰이나 컴퓨터 자판을 주로 두드리다 보니 쓰기를 귀찮아하며 글씨가 엉망인 어린이들을 자주 만나게 됩니다.

컴퓨터에는 다양하고 예쁜 글씨가 많이 들어 있어 수퍼마켓에서 물건을 고르듯 자기가 원하는 글씨를 마음대로 선택해 사용할 수 있으나, 막상 학교 내 필기시험이나 수행평가, 더 나아가 논술 시험 등은 자필로 해야 합니다. 보기 좋은 떡이 맛도 좋다고 깨끗하고 단정한 글씨로 써 내려간 글은 설득력이 더 있어 보여 읽는 이의 마음을 붙잡게 됩니다.

예로부터 글씨는 마음의 거울이며 그 사람의 됨됨이를 말해 주는 것이라 하여 매우 중요하게 생각하였습니다. 그래서 인물을 평가하는 데 글씨는 큰 비중을 차지하였습니다. 우리나라는 물론 중국 당나라 때는 '신언서판(身言書判)'을 인재 등용의 기준으로 삼았습니다. 몸가짐, 말, 글씨, 그리고 판단력을 인물의 주요 평가 기준으로 삼았고, 정도의 차이는 있지만 지식기반의 첨단사회를 사는 요즘도 이러한 기준은 적지 않게 활용되고 있습니다. 논술이 입시에 중요한 위치로 부각되면서 각급 학교와 학부모들의 바른 글씨에 대한 관심이 높아진 때에 어린이 눈높이에 맞춘 부담없는 경필 쓰기 책이 나오게 되어 반가운 마음입니다.

그럼 바른 글씨는 어떻게 써야 할까요?

경필은 붓과 대비된 딱딱한 필기도구를 사용하여 궁서체로 쓰는 펜글씨를 말합니다.

개인적으로 어린이들은 꼭 궁서체를 고집할 필요는 없다고 생각합니다. 글씨 크기가 들쑥날쑥하지 않도록 일정하게 유지하는 것이 깔끔한 자신만의 글씨를 만드는 지름길 입니다.

이 책은 정자체를 견본으로 큰 칸, 작은 칸, 줄 칸 이렇게 구성돼 있어 천천히 모양을 생각하며 칸에 맞게 꾸준히 연습하다 보면 집중력도 좋아질 것입니다.

글씨를 바르게 쓰는 것은 마음을 바르게 갖는 연습도 됩니다. 차분한 마음과 바른 자세로 정성껏 글씨를 쓰다 보면 올바른 인성 형성뿐 아니라 한글을 사랑하는 마음도 기를 수 있습니다. 평생 간직해야 할 좋은 습관 중 하나가 책읽기와 바른 글씨쓰기가 아닐까 합니다.

또 어린이들에게 글씨쓰기 연습을 시키고자 할 때 적당히 쓸거리가 없어 의미 없이 책을 옮겨 쓰곤 했는데 이 책은 초등학생이 꼭 알아야 할 속담을 뜻풀이와 함께 곁들여 학습효과도 올릴 수 있어 활용 범위가 그만큼 더 넓습니다. 속담은 짧지만 날카로운 풍자와 유머가 섞여 있어 일상생활에 있어 언어적 통찰력과 사고력을 길러주어 자신의 생각과 정서를 효과적으로 표현하는 능력을 길러주는 데 많은 도움이 됩니다.

"손이 수고해야 먹고 산다"

이 말은 제가 교실에서 어린이들에게 자주하는 말 중 하나입니다.

손이 수고하며 이 책을 써 내려가는 동안 어린이들이 자신의 마음과 생각을 닮은 바르고 예쁜 글씨를 갖게 될 것을 기대하며 '뜯어 쓰는 즐거운 글씨쓰기'가 또 다른 주제로 계속 발간되기를 제안해 봅니다.

전 우촌초등학교 교장 김연숙

속담을 바르게 써 보세요

가난 구제는 나라도 못한다

가난한 사람을 구하는 일은 끝이 없을 만큼 많아서 개인은 물론 나라의 힘으로도 힘들다는 뜻이에요.

가난 구제는 나라도 못한다

속담을 바르게 써 보세요

가는 말에 채찍질

한창 힘나서 할 수 있을 때 더욱 열심히 힘써야 한다는 뜻이에요.

가는 말에 채찍질

속담을 바르게 써 보세요

가 까 운 길 두 고 먼 길 로 간 다

편하고 빠른 방법이 있는데도 굳이 어렵고 힘든 방법을 택해 쓸데없이 고생한다는 뜻이에요.

가 까 운 길 두 고 먼 길 로 간 다

뜻을 음미하며 써 보세요

가 다 말 면 안 가 느 니 만 못 하 다

어떤 일을 하다가 도중에 그만 두면 처음부터 하지 않는 편이 차라리 나을지도 모르죠. 한번 시작했으면 끝까지 최선을 다해요!

가 다 말 면 안 가 느 니 만 못 하 다

속담을 바르게 써 보세요

가랑잎이 솔잎더러 바스락거린다고 한다

바스락거리는 소리는 가랑잎이 최고죠. 제 허물이 큰 줄은 모르고 남의 작은 허물을 나무라는 어리석은 행동을 이르는 말이에요. 남의 잘못을 탓하기 전에 먼저 자신의 허물을 돌아보세요.

단어 ① 가랑잎 : 활엽수(잎이 넓은 나무)의 마른 잎 ② 솔잎 : 소나무의 잎

뜻을 생각하며 다시 한번 써 보세요

가랑잎이 솔잎더러 바스락거린다고 한다

속담을 바르게 써 보세요

가려운 데를 긁어 주듯

가재는 게 편

상대가 무엇이 필요한지 잘 알아서 그 욕구를 시원하게 만족시켜 준다는 뜻이에요.

모양이나 형편이 서로 비슷하고 인연이 있는 사람끼리 서로 잘 어울리고, 감싸주기 쉬움을 비유적으로 이르는 말이에요.

유사 ① 초록은 동색 ② 검둥개는 돼지 편 ③ 이리가 짖으니 개가 꼬리 흔든다

가려운 데를 긁어 주듯

가재는 게 편

속담을 바르게 써 보세요

가 자 니 태 산 이 요, 돌 아 서 자 니 숭 산 이 라

속담의 뜻을 알아 두세요

앞에도 큰 산, 뒤에도 큰 산으로 막혀 있어서 꼼짝없이 갇혔다는 의미예요. 이럴 수도 저럴 수도 없는 답답한 상황에서 쓰는 말입니다.

유사 ① 갈수록 태산이라 ② 산 너머 산

단어 숭산 : '쑹산'의 잘못된 말. 중국 5개의 큰 산 가운데 하나로, 중국 허난성 북서부 뤄양 동쪽에 있는 1,600미터 높이의 산.

다시 한번 써 보세요

가 자 니 태 산 이 요, 돌 아 서 자 니 숭 산 이 라

콩트

3학년 2반 청소시간에 싸움이 났습니다.

평소 지훈이 녀석에게 불만이 많던 반장은 참다 못해 하고 싶은 말들을 쏟아놓습니다.

“너 도대체 혼자만 청소시간에 어딜 사라졌다 이제야 나타나는 거야?”

“선생님 심부름 다녀오는 길인데… 왜 안 돼?”

“거짓말 마. 어디서 핑계에 오리발이야. 너 맨날 강당에서 노는 거 본 애가 한두 명인 줄 알아?”

“…….”

“지훈이 그래도 다른 건 열심히 하잖아. 넌 왜 지훈이만 미워하냐?”

갑자기 지켜보고 있던 지우가 불쑥 한마디 거듭니다.

“김지우, 너 지금 정지훈 짝이라고 편드는 거야?

“■ ■ ■ ★★이라더니… 니가 그럼 걔 몫까지 청소를 하던가….”

“뭐라구! 너 반장이면 다야?”

Q 상황을 떠올리며 빈칸속에 들어갈 속담을 생각해 보세요.

A

▶ 정답 : 가재는 게편

속담을 바르게 써 보세요

가지 많은 나무에 바람 잘 날이 없다

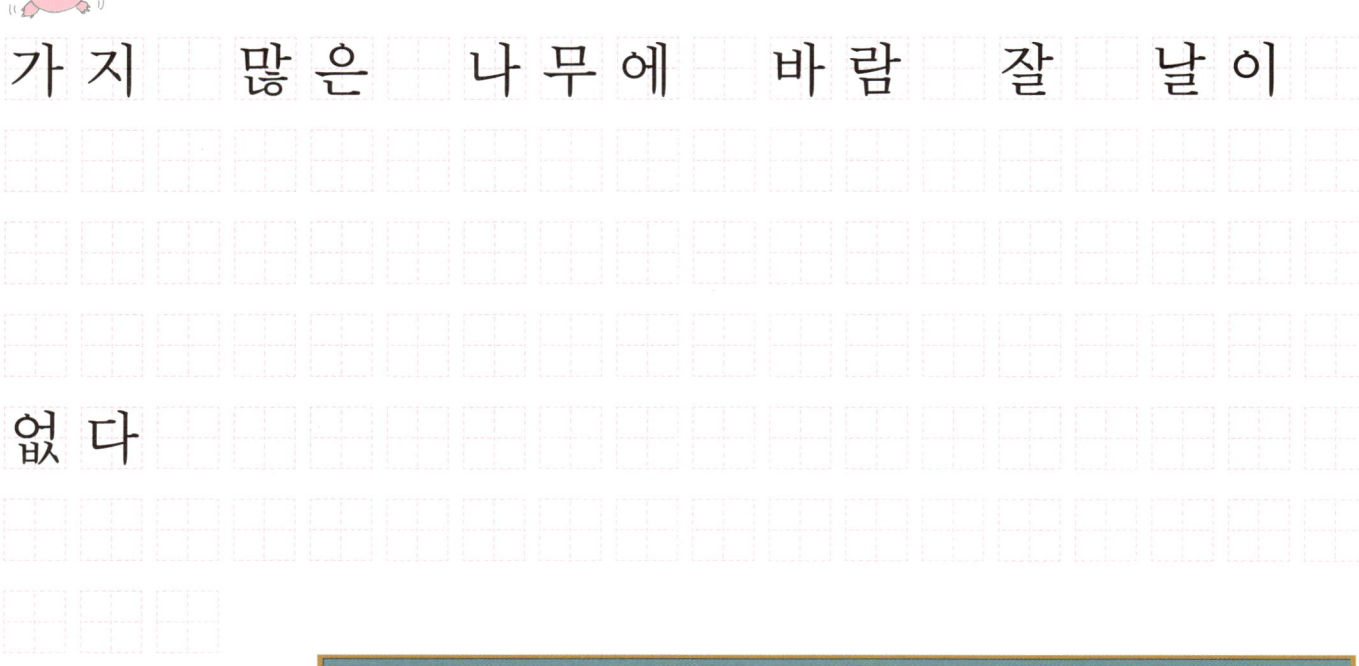

자식을 많이 둔 부모는 늘 근심이 그칠 날이 없기 마련이지요. 부모님 걱정하시지 않게 어떤 노력을 하고 있나요?

뜻을 생각하며 다시 한번 써 보세요

가지 많은 나무에 바람 잘 날이 없다

속담을 바르게 써 보세요

간에 붙었다 쓸개에 붙었다 한다

감기 고뿔도 남을 안 준다

자기에게 조금이라도 이익이 되면 이편에 붙었다 저편에 붙었다 하는 약아빠진 행동을 이르는 말.

자신에게 해로운 감기마저도 남에게 안 줄 정도로 지독하게 인색한 사람을 일컫는 말이에요. 스크루지 영감 같은 구두쇠는 되지 마세요. 단어 고뿔 : 감기

간에 붙었다 쓸개에 붙었다 한다

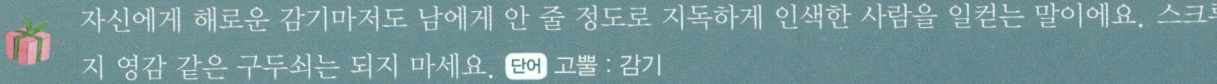

감기 고뿔도 남을 안 준다

속담을 바르게 써 보세요

감나무 밑에 누워서 홍시 떨어지기

를 기다린다

공부는 안하고서 시험에서 좋은 성적 받기를 바라는 것은 헛된 욕심이겠지요? 아무런 노력도 하지 않으면서 좋은 결과가 이루어지기만을 바라는 것을 비유적으로 이르는 말이에요.

다시 한번 써 보세요

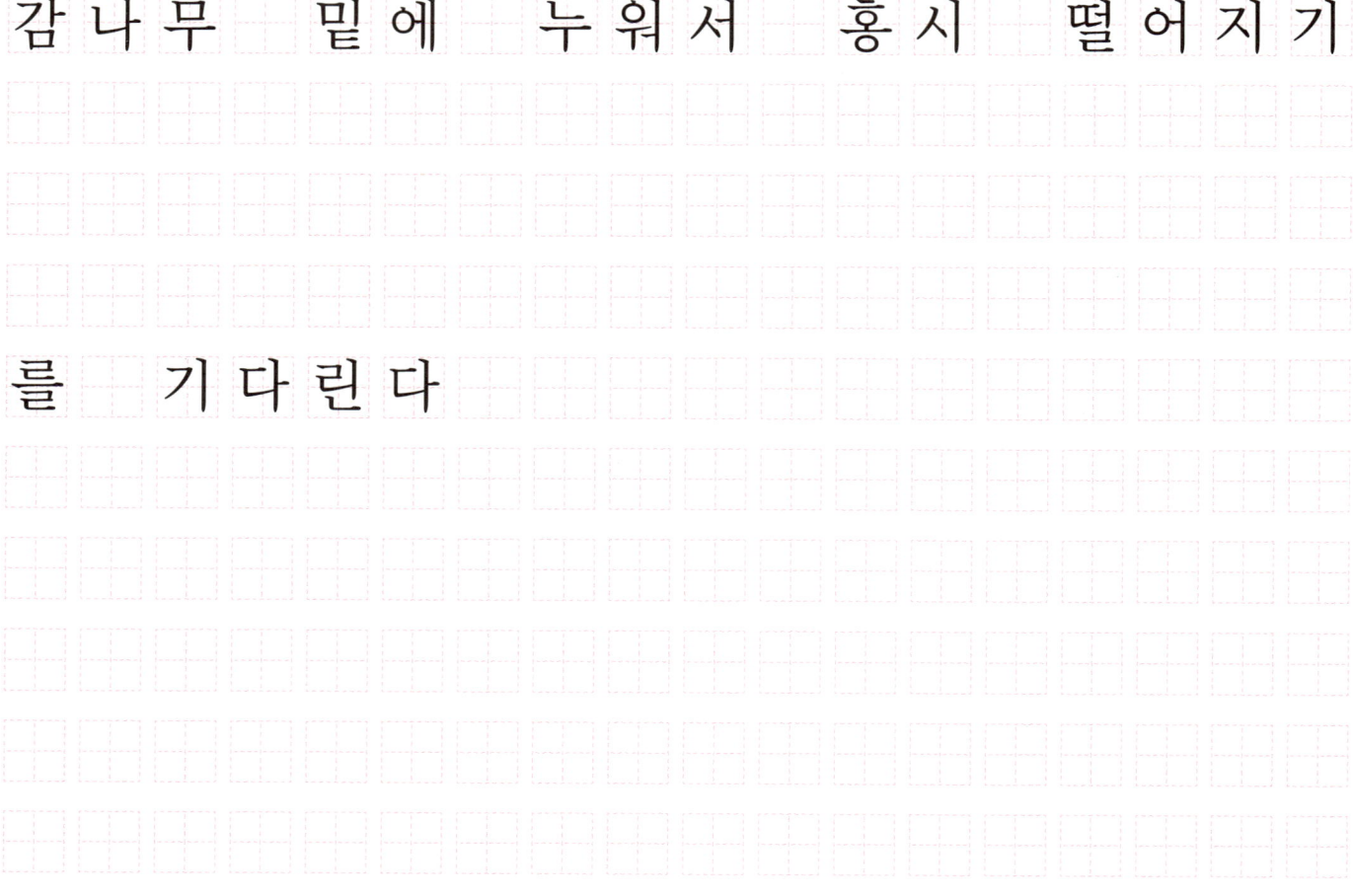

감나무 밑에 누워서 홍시 떨어지기를 기다린다

속담을 바르게 써 보세요

강물도 쓰면 준다

갓 사러 갔다가 망건 산다

많다고 해서 마구 쓰면 결국에는 남는 것이 없겠죠? 평소 모든 물건을 아껴쓰라는 말이에요.

사려고 하던 물건이 없자 그와 비슷하거나 전혀 쓰임이 다른 것을 사는 경우 또는 남이 권하는 대로 따르는 경우를 가리키는 말이에요.

단어 갓 : 예전에 어른이 된 남자가 머리에 쓰던 의관의 하나.

강물도 쓰면 준다

갓 사러 갔다가 망건 산다

속담을 바르게 써 보세요

강태공이 세월 낚듯 한다

갖바치 내일 모레

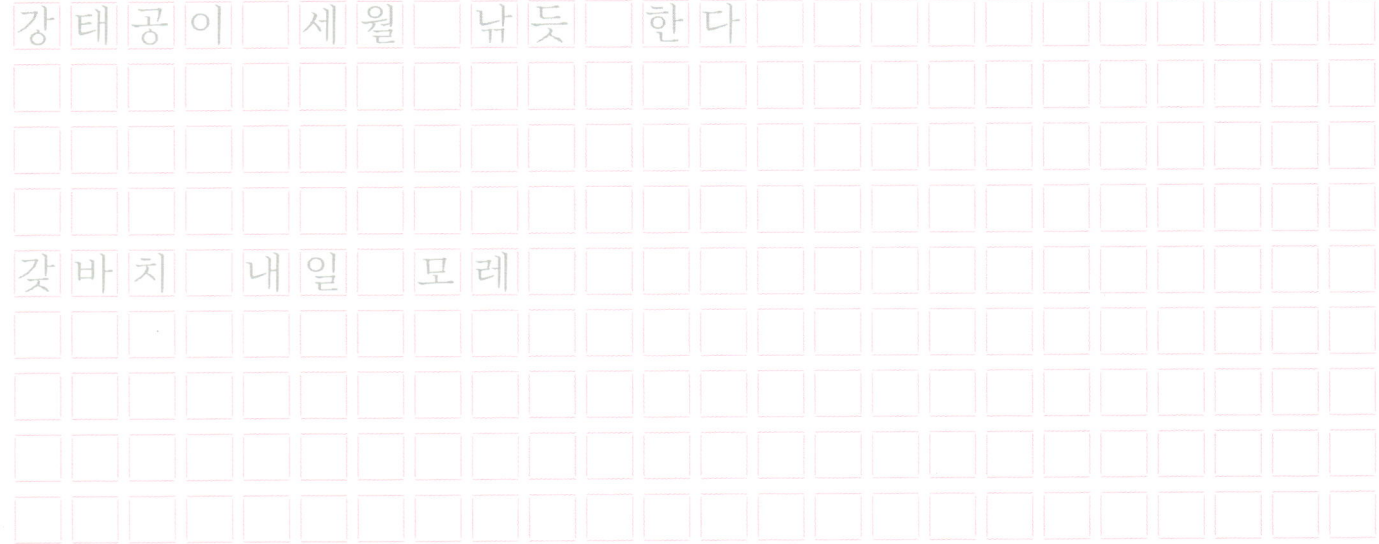

중국 주나라 때 정치가 강태공이 때를 기다리기 위해 호숫가에서 낚시질로 세월을 보냈다고 해요. 무슨 일이든 더디고 느린 것을 가리키는 말로 쓰입니다.

단어 강태공 : 현재는 '낚시꾼'을 비유적으로 이르는 말.

신 만드는 사람이 일이 몰려 약속한 날을 번번이 어기고 계속 미룬다는 뜻. 약속된 날짜를 지키지 않고 해야 할 일을 차일피일 미루는 사람들을 빗대어 하는 말이에요.

단어 갖바치 : 가죽신을 만드는 사람.

강 태 공 이 세 월 낚 듯 한 다

갖 바 치 내 일 모 레

속담을 바르게 써 보세요

개 꼬리 삼 년 묵어도 황모 되지 않는다

개의 꼬리를 황모가 되라고 3년이나 묻어두어도 불가능하다는 말. 본래 타고난 성격은 고치기 어렵다는 뜻이에요. 단어 황모 : 족제비의 꼬리털. 빳빳한 가는 붓을 만드는 데 쓴다.

뜻을 음미하며 다시 한번 써 보세요

개 꼬리 삼 년 묵어도 황모 되지 않는다

속담을 바르게 써 보세요

개구리도 옴쳐야 뛴다

개도 닷새가 되면 주인을 안다

무슨 일을 하든지 아무리 급해도 준비운동은 하고 시작해야겠죠?

단어 옴치다 : 옴츠리다의 준말. 몸을 오그리어 작아지게 하다.

짐승인 개도 자기를 돌봐 주는 주인을 알아본다고 해요. 은혜를 저버리고 배신하는 사람을 꾸짖어 이르는 말입니다. 유사 개도 제 주인을 보면 꼬리 친다

개구리도 옴쳐야 뛴다

개도 닷새가 되면 주인을 안다

속담을 바르게 써 보세요

개똥도 약에 쓰려면 없다

개 머루 먹듯

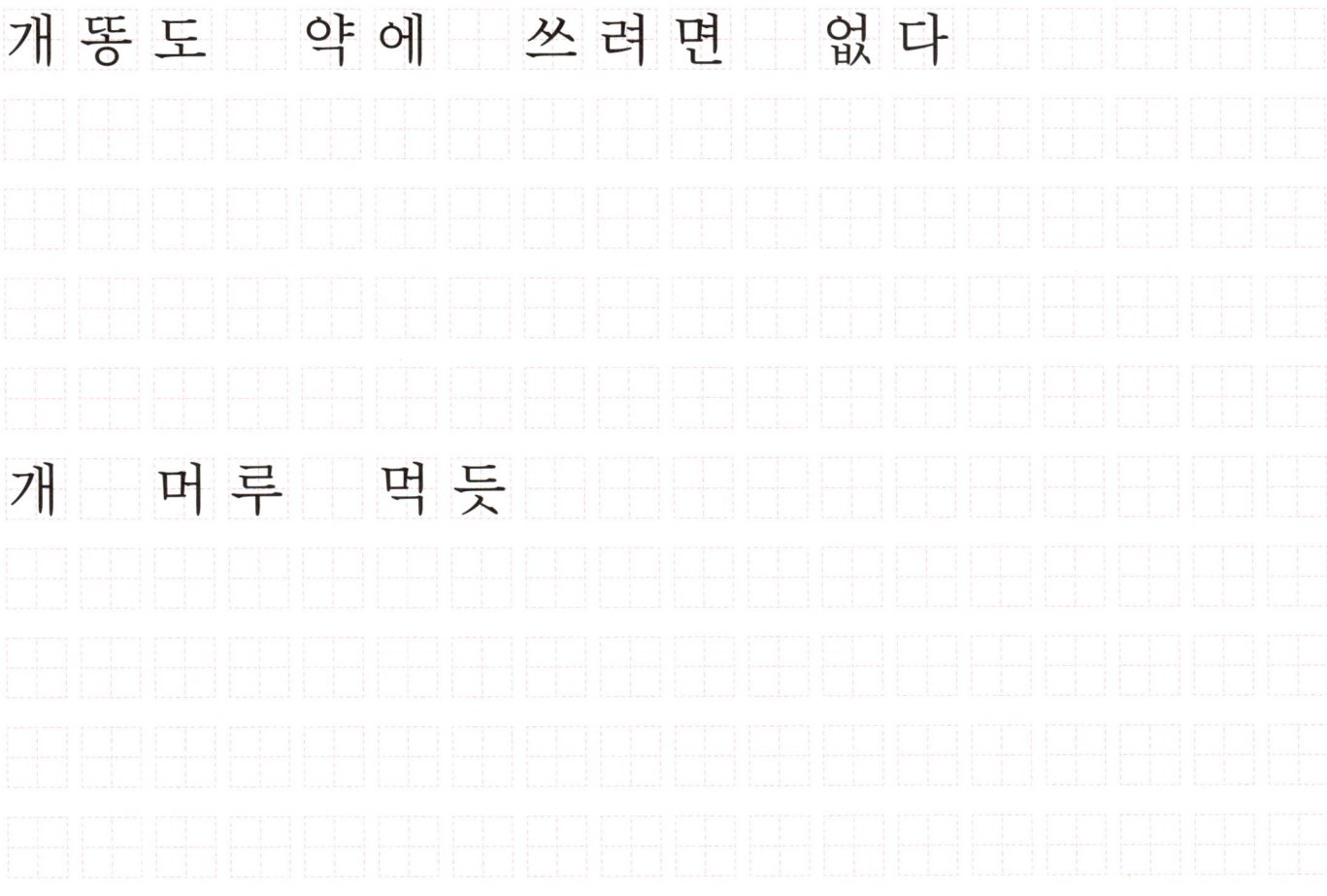

평소에는 흔하던 물건도 정작 쓰려고 하면 없다는 뜻입니다.

개는 익은 머루와 안 익은 머루를 구별하지 못하고 그 맛도 모르면서 먹어요. 이처럼 어떤 일을 할때 무엇인지도 잘 모른 채 대충 하거나 좋고 나쁨을 가리지 못한 채 주어진 대로만 하는 경우를 두고 쓰는 말이에요. 단어 머루 : 포도과의 산포도

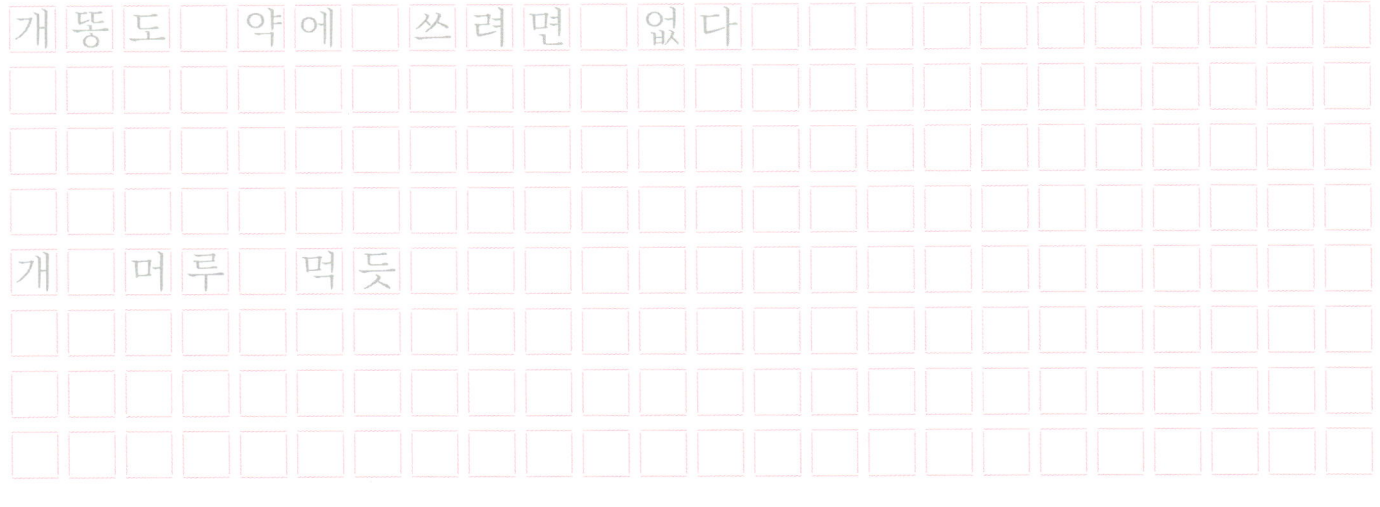

개똥도 약에 쓰려면 없다

개 머루 먹듯

가로 뜻풀이

❶ 젊었을 때 겪는 고생은 중요한 경험이 되므로 부지런히 노력하면 뒷날 큰 보람을 얻을 수 있다는 말.

❷ 가난한 사람을 구하는 일은 끝이 없을 만큼 많아서 개인은 물론 나라의 힘으로도 힘들다는 뜻이에요.

❸ 무슨 일이라도 반드시 둘러댈 핑계와 사연은 있다는 말이에요.

❹ 무슨 일을 하든지 아무리 급해도 준비운동은 하고 시작해야겠죠?

❺ 자식이 어렸을 때는 부모를 따르나 차츰 자라면 부모로부터 멀어진다 하여 쓰는 말입니다.

❻ 많다고 해서 마구 쓰면 결국에는 남는 것이 없겠죠? 평소 모든 물건을 아껴쓰라는 말이에요.

세로 뜻풀이

❶ 탕건 벗고 세수하는 것이 순서에 맞지만, 일의 순서가 틀려 모양이 안 좋게 되었다는 뜻입니다.

❷ 입으로는 그럴듯하게 말하지만 실상은 좋지 못하다는 말. 말이 많음을 경계하는 속담이에요.

❸ 자식이 부모에게 아무리 잘해도 부모가 자식 생각하는 것만은 못하다는 말. 또는 자식이 아무리 훌륭하더라도 부모만큼은 못하다는 의미도 있습니다.

❹ 정이 들 때는 잘 느끼지 못해도 정이 떨어져 싫어질 때는 확실히 알 수 있다는 말이에요. 또는 정이 들 때는 잘 느끼지 못했는데 막상 헤어질 때가 되니 그 정이 얼마나 두터웠는지 새삼 알게 된다는 뜻도 있답니다. 미운 정이 더 무섭다고 해요.

❺ 평소에는 흔하던 물건도 정작 쓰려고 하면 없다는 뜻입니다.

❻ 하늘에 있는 별을 따는 건 불가능한 일이겠죠? 무엇을 얻거나 이루기가 매우 어려운 경우를 일컫는 말이에요.

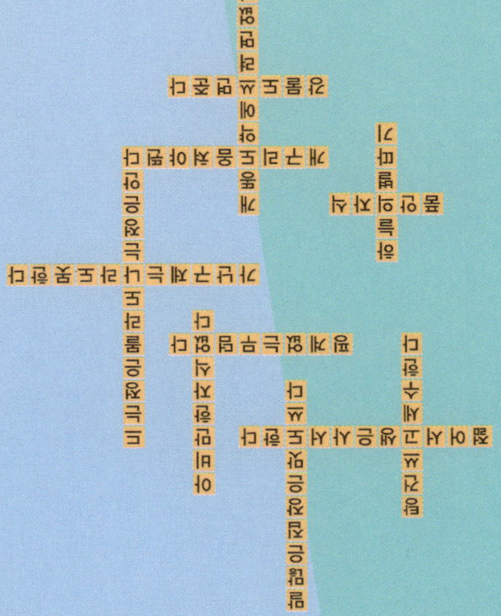

젊어서 고생은 사서도 한다
핑계 없는 무덤 없다
가난 구제는 나라도 못한다
품안의 자식
개구리도 옴쳐야 뛴다
강물도 쓰면 준다
말 많은 집 장은 맛도 쓰다
탕건 쓰고 세수한다
아비만한 자식 없다
드는 정은 몰라도 나는 정은 안다
하늘의 별 따기
개똥도 약에 쓰려면 없다

속담을 바르게 써 보세요

개 못된 것은 들에 가서 짖는다

개 발에 편자

집을 지켜야 할 개가 엉뚱하게 들에 나가서 짖는다는 말이에요. 자기가 마땅히 해야 할 일은 하지 않고 아무 소용없는 데 가서 잘난 체하고 떠드는 행동을 꼬집는 말이랍니다.

개 발에 편자가 무슨 소용이 있겠어요? 전혀 어울리지 않는 상황이나 물건을 두고 하는 말이에요.

단어 편자 : 주로 말발굽을 보호하기 위하여 말굽에 대어 붙이는 U자 모양의 쇳조각.

개 못된 것은 들에 가서 짖는다

개 발에 편자

속담을 바르게 써 보세요

거동길 닦아 놓으니까 깍쟁이가 먼저 지나간다

임금이 거동할 길을 애써 닦아 놓으니까 말도 안 되는 사람이 먼저 지나간다는 의미입니다. 큰일을 경영하는 데 제대로 능력이 갖춰지지 않은 사람이 주제넘게 나설 때 쓰는 말.

단어 거동 : 몸을 움직임. 또는 그런 짓이나 태도. "몸이 아파 거동이 불편하다."

뜻을 생각하며 다시 한번 써 보세요

거동길 닦아 놓으니까 깍쟁이가 먼저 지나간다

속담을 바르게 써 보세요

개 보름 쇠듯

거미도 줄을 쳐야 벌레를 잡는다

정월대보름에 개에게 먹이를 주면 여름에 파리가 꾀고 깡마른다고 하여 굶겼다고 해요. 남들은 잘 먹고 지내는 명절에 제대로 먹지 못하고 지낸다는 말이에요.

단어 보름 : 음력 1월 15일로 큰 명절 정월대보름. 쇠다 : 명절이나 생일 따위를 기념하여 지내다.

무슨 일이든지 그 일에 필요한 준비가 있어야 그 결과를 얻을 수 있다는 말.

또 시험 망쳤어!
벼락치기 말고 미리미리 평소에 준비하라구.

개 보름 쇠듯

거미도 줄을 쳐야 벌레를 잡는다

속담을 바르게 써 보세요

겨울바람이 봄바람 보고 춥다 한다

자기 허물은 생각지 않고 남의 작은 허물만 꾸짖을 때 쓰는 말이에요. 항상 자기 자신을 돌아보고 반성하는 태도가 먼저입니다.

유사 똥 묻은 개가 겨 묻은 개 나무란다

겨울바람이 봄바람 보고 춥다 한다

속담을 바르게 써 보세요

게으른 놈이 저녁때 바쁘다

게으른 사람은 놀다가 일이 다 끝날 즈음에야 서두른다는 뜻. 숙제는 미루어서 하지 말고 미리미리 하세요.

게으른 놈이 저녁때 바쁘다

속담을 바르게 써 보세요

겨울이 지나지 않고 봄이 오랴

세상일에는 다 일정한 순서와 법칙이 있어서 아무리 급해도 억지로 바꿀 수가 없어요. 또한 겨울이 지나면 따뜻한 봄이 오듯 시련과 곤란을 극복해야 보람된 결과를 얻을 수 있다는 말이에요.

겨울이 지나지 않고 봄이 오랴

속담을 바르게 써 보세요

고기는 씹어야 맛이요, 말은 해야

맛이라

해야 할 말을 못하고 끙끙대면 속병 날지도 몰라요. 할 말은 때를 놓치기 전에 속 시원히 털어놓으세요.

고기는 씹어야 맛이요, 말은 해야 맛이라

속담을 바르게 써 보세요

고름이 살 되랴

고름은 몸에 지니고 있어봤자 해로울 뿐이죠. 필요없는 것은 묵히지 말고 미리 없애버려야 한다는 뜻.

고름이 살 되랴

속담을 바르게 써 보세요

고방에서 인심 난다

내 배가 우선 부르고 여유가 있어야 남을 도울 수도 있다는 뜻.

단어 고방(庫房) : 살림살이 등을 넣어두는 방.

고방에서 인심 난다

속담을 바르게 써 보세요

고운 사람 미운 데 없고 미운 사람 고운 데 없다

고운 사람은 어떻게 해도 예뻐 보이고 미운 털이 박힌 사람은 무슨 일을 해도 미워 보인다는 뜻이에요. 미운 털 박히지 않게 평소에 착한 일 많이 하세요.

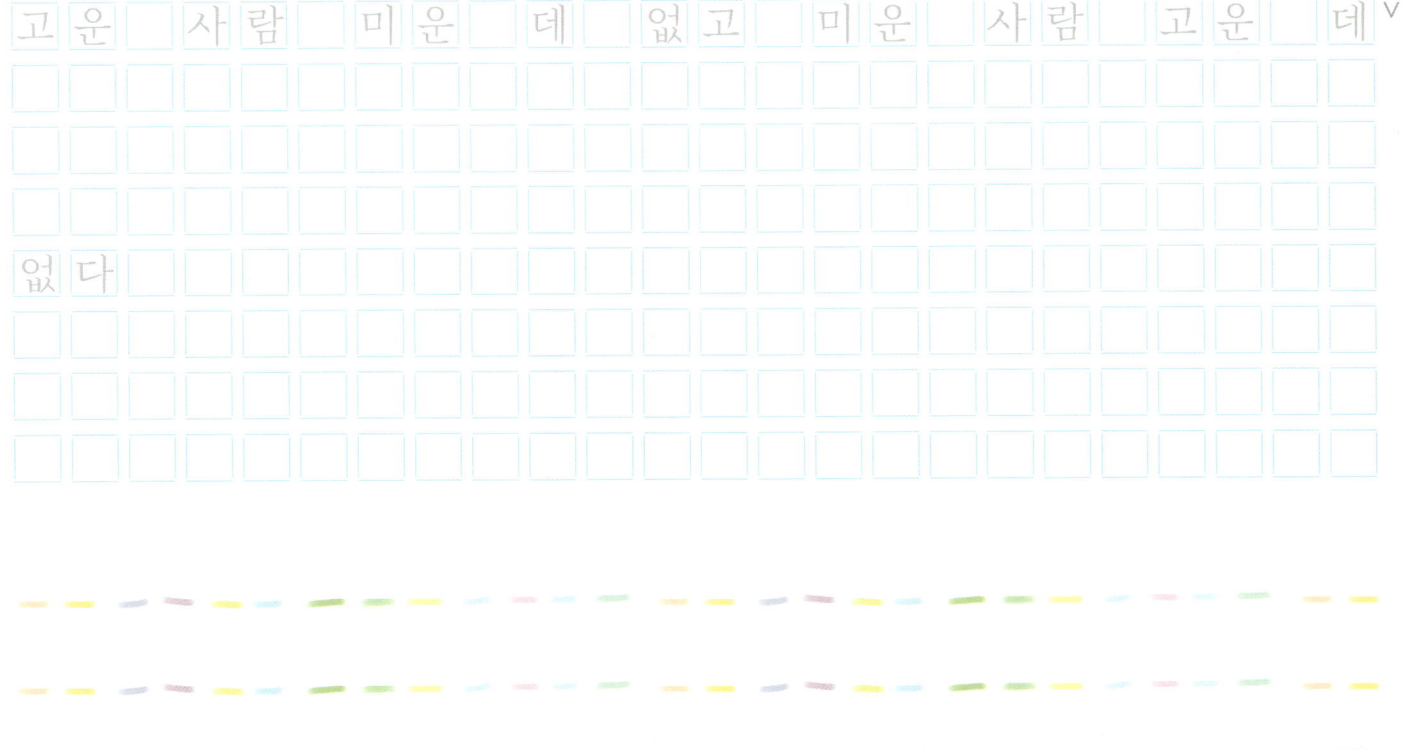

고운 사람 미운 데 없고 미운 사람 고운 데 없다

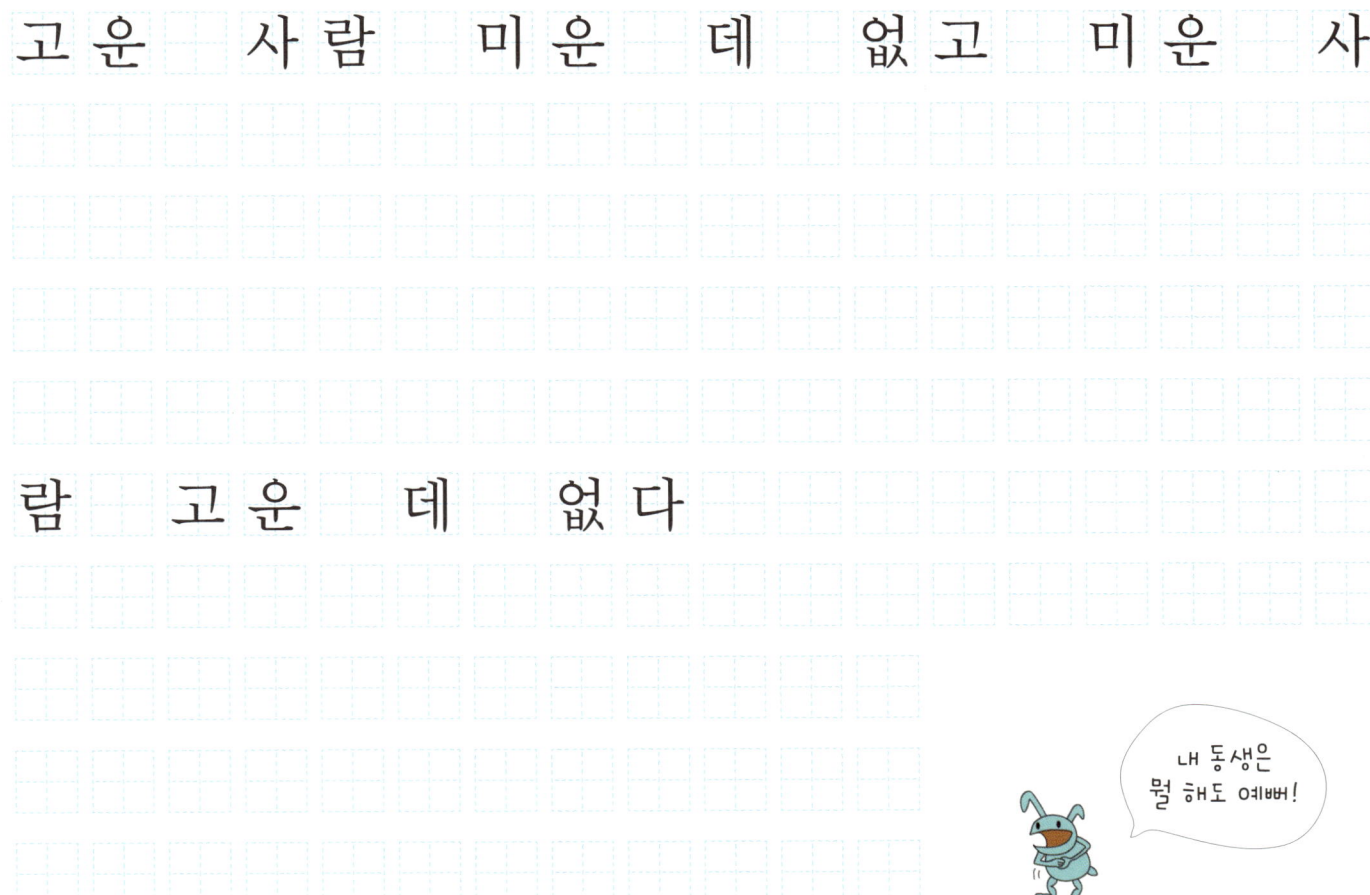

ㅈㄷㅁ ㅈ ㅌ ㅁㄷㅁ ㅈㅅ ㅌ

1. 축구 경기에서 우리 편이 이기면 꼭 자기가 잘해서 이긴 거라며 우쭐대는 친구들이 있지요?
2. 게임은 동생과 같이 신나게 해 놓고 시험 망친 탓은 동생에게 쏟아놓기도 하지요.
3. 꼭 공부 못하는 학생이 연필 탓을 한다고 말하기도 합니다.
4. 이 속담과 반대로 생각하도록 노력하면 현명하고 훌륭한 사람이 될 수 있을 거에요.
5. 밉상인 이런 사람에게 꼭 해주고 싶은 이 속담은 무엇일까요?

답 ▶

ㅇㅈㄱ ㅇㅈ ㄷㄱ ㅇㅈㄱ ㅇㅈ ㄷㄷ

1. 시험에서 1등 했다고 자만하지 말고 꼴등했다고 너무 움츠러들지 마세요.
2. 오늘 말갛게 해가 솟아올라도 내일은 폭우가 쏟아질 수도 있답니다.
3. 항상 자만하지 말고 겸손하란 뜻이기도 하구요,
4. 좌절해서 포기하지 말고 힘을 내면 좋은 날이 올 거란 응원의 메시지이기도 해요.
5. 잘난 척 하는 친구에게 꼭 해주고 싶은 이 속담을 맞춰보세요.

답 ▶

▶ 잘되면 제 탓 못되면 조상 탓 ▶ 양지가 음지 되고 음지가 양지 된다

속담을 바르게 써 보세요

고양이 쥐 생각

속으로는 해칠 마음을 품고 있으면서, 겉으로는 친절한 척한다는 뜻. 유사 고양이 쥐 사정 보듯

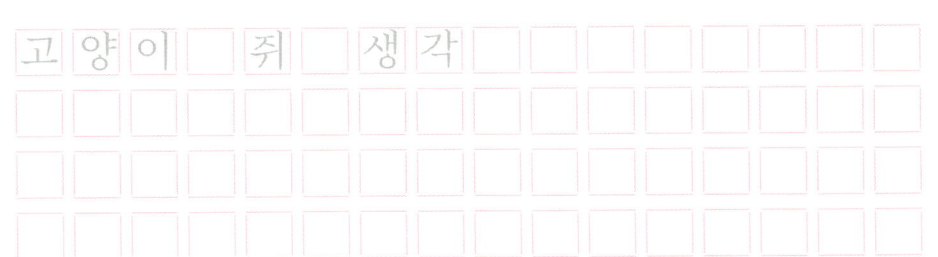

고양이 쥐 생각

속담을 바르게 써 보세요

공든 탑이 무너지랴

공을 들여 쌓은 탑은 튼튼해서 무너질 리 없죠. 무엇이든 노력하고 정성을 다한다면 결코 헛되지 않다는 의미예요. 유사 정성이 지극하면 돌 위에도 꽃이 핀다

공든 탑이 무너지랴

속담을 바르게 써 보세요

과일 망신은 모과가 시킨다

구더기 무서워 장 못 담글까

한 무리 속에서 지지리 못난 사람의 잘못이나 실수가 같이 있는 동료까지 망신시킨다는 말이에요.
유사 어물전 망신은 꼴뚜기가 시킨다

방해되는 요소가 있다고 해도 반드시 해야 할 일을 그냥 넘기면 안 되겠죠? 문제를 해결하는 능력을 키우세요. 단어 구더기 : 파리의 애벌레. 차차 자라 꼬리가 생기고 번데기가 되었다가 파리가 된다.

과일 망신은 모과가 시킨다

구더기 무서워 장 못 담글까

속담을 바르게 써 보세요

귀신이 곡할 노릇

귀 막고 방울 도둑질한다

황당하고 신기한 일이 생길 때 하는 말이에요.

단어 곡 : 사람이 죽었을 때나 제사에 일정한 소리를 내면서 우는 울음.

도둑이 자기 귀를 막고 방울을 도둑질하다니 참으로 어리석은 눈속임이죠? 얕은 꾀를 써서 남을 속이려고 하지만 거기에 속는 사람이 없음을 이르는 말. 유사 눈 가리고 아웅한다

귀신이 곡할 노릇

내 필통 못 봤니? 감쪽같이 사라졌어.
귀신이 곡할 노릇이군!

귀 막고 방울 도둑질한다

속담을 바르게 써 보세요

귀한 자식 매 한 대 더 때리고

미운 자식 떡 한 개 더 준다

아이들 버릇을 잘 가르치기 위해서는 아이에게 당장 좋게만 해 주는 것이 오히려 해롭다는 뜻으로, 자식은 귀할수록 엄격히 가르치라는 의미입니다.

유사 귀한 자식 매로 키워라

다시 한번 써 보세요

귀한 자식 매 한 대 더 때리고 미운 자식

떡 한 개 더 준다

속담을 바르게 써 보세요

급하면 밑 씻고 똥 눈다

똥을 눈 다음에 밑을 씻어야 하는 게 올바른 순서겠죠? 그만큼 급하면 순서가 마구 뒤섞인다는 뜻이에요.

급하면 밑 씻고 똥 눈다

속담을 바르게 써 보세요

꾸어다 놓은 보릿자루

여럿이 모여 이야기하는 자리에서 아무 말도 하지 않고 옆에 가만히 듣고만 있는 사람을 일컫는 말이에요. 단어 보릿자루 : 보리를 넣은 자루.

꾸어다 놓은 보릿자루

속담을 바르게 써 보세요

급하다고 바늘허리에 실 매어 쓸까

바느질을 하려면 먼저 바늘구멍에 실을 꿰어야 하지만, 급하다고 바늘허리에다 실을 맨다면 바느질이 되질 않겠죠. 무슨 일이든 절차와 순서가 있으니 침착하게 일을 처리하라는 뜻입니다.

유사 ① 겨울이 지나지 않고 봄이 오랴 ② 사흘 길을 하루에 가서 열흘 눕는다 ③ 급하다고 갓 쓰고 똥 싸랴 ④ 급하면 밑 씻고 똥 눈다

급하다고 바늘허리에 실 매어 쓸까

속담을 바르게 써 보세요

꿀도 약이라 하면 쓰다

좋은 말이라도 충고라고 하면 괜히 기분이 나빠 듣기 싫어한다는 뜻. 몸에 좋은 약이 입에는 쓴 법이죠.

꿀도 약이라 하면 쓰다

속담을 바르게 써 보세요

꿀 먹은 벙어리

속에 있는 생각을 표현하지 못하고 속으로만 끙끙 앓는 사람을 가리키는 말이에요. 혼자서만 고민하지 말고 가까운 친구나 부모님께 속시원히 털어놓으세요.

유사 침 먹은 지네

꿀 먹은 벙어리

속담을 바르게 써 보세요

꿩 잡는 것이 매다

끈 떨어진 뒤웅박

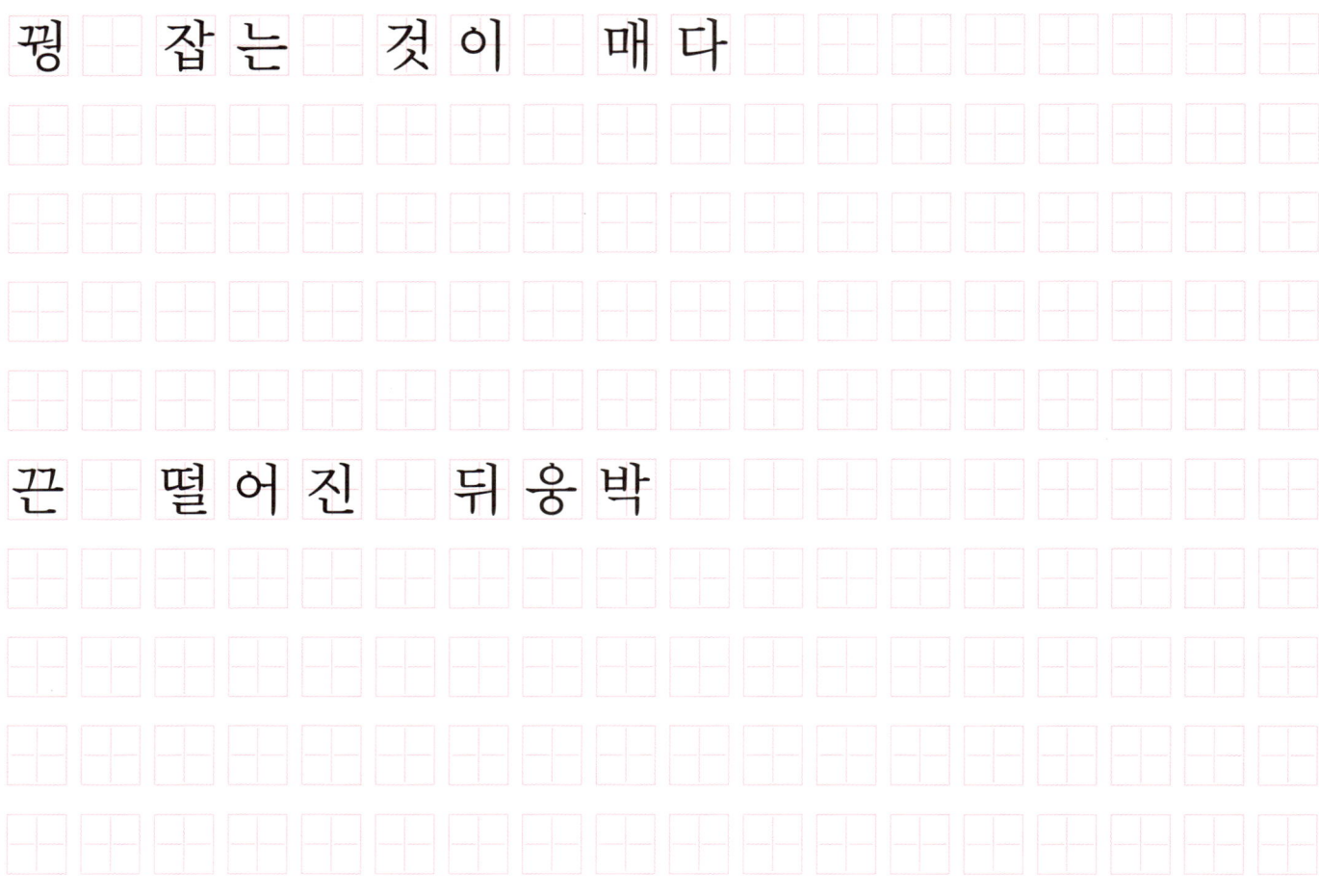

꿩을 잡아야 매라고 인정할 수 있다는 뜻으로, 어떠한 방법을 사용하든지 목적을 이루는 것이 가장 중요하다는말. 또는 실제로 제 구실을 해야 할 자격이 있다는 의미.

의지할 데 없이 외롭고 불안하게 된 처지를 일컫는 말이에요.

단어 뒤웅박 : 박을 쪼개지 않고 꼭지 근처에 구멍만 뚫어 속을 파낸 바가지. 마른 그릇으로 쓴다.

꿩 잡는 것이 매다

끈 떨어진 뒤웅박

콩트

지형이가 변했습니다. 평소 책벌레로 불리던 녀석이 언젠가부터 게임에 푹 빠져버렸지 뭡니까.

바로 얼마 전 프로게이머 '김하늘' 군의 뉴스를 보고 나서부터 생긴 변화입니다.

"엄마, 저 형아 너무 멋있지 않아?"

"게임은 노는 애들만 하는 거라던 애가 웬일이야?"

"게임도 잘하면 좋지, 뭐."

방학이 시작되자마자 우리의 지형군, 컴퓨터 앞에서 떠날 줄을 모릅니다.

"꺄오~ 내가 1등이다. 달려달려! 이렇게 재미난 걸 왜 이제야 알았을까… 우하하!"

엄마는 점점 걱정이 생기기 시작했답니다.

친구들이 게임에 푹 빠져 있어도 아랑곳하지 않던 아이가 뒤늦게 게임에 맛을 들인 모습이 아무래도 걱정인 것이죠. 참다못한 엄마가 폭발합니다.

"지형아, 너 방학했다고 게임만 할거야? ★★ ●● ■■■ ▲▲▲ ◆ ●●●더니….

너 계속 이러면 컴퓨터 없애버리는 수가 있어!"

Q 상황을 떠올리며 빈칸속에 들어갈 속담을 생각해 보세요.

A

▶ 정답 : 늦게 배운 도둑이 날 새는 줄 모른다

속담을 바르게 써 보세요

나는 바담 풍 해도 너는 바람 풍 해라

한 서당에서 훈장이 '바람 풍'(風) 자를 가르치는데 혀가 짧아서 '바담 풍'으로밖에 소리가 나지 않자 학생들 역시 '바담 풍' 하고 따라 읽었어요. 그러자 훈장이 불같이 화를 내면서 "나는 바담 풍 해도 너희들은 바람 풍 해라"고 했답니다. 자기의 잘못은 잘 모르면서 남에게만 잘 하라고 요구하는 사람을 빗대어 하는 말입니다.

나는 바담 풍 해도 너는 바람 풍 해라

속담을 바르게 써 보세요

나는 새도 깃을 쳐야 날아간다

새도 날개깃을 세차게 흔들어야 비로소 날 수 있는 법이죠. 어떤 일이든 순서를 밟아야 목적을 이룰 수 있다는 말로 준비가 없이는 결과를 얻을 수 없다는 뜻이에요.

나는 새도 깃을 쳐야 날아간다

속담을 바르게 써 보세요

나는 새도 떨어뜨린다

모든 일을 자기 뜻대로 할 만큼 권력과 세력이 대단함을 나타내는 말이에요.

나는 새도 떨어뜨린다

속담을 바르게 써 보세요

나중 난 뿔이 우뚝하다

선배보다 그 후배들의 재주나 실력이 더 나을 때 하는 말이에요. 유사 청출어람(靑出於藍)

나중 난 뿔이 우뚝하다

속담을 바르게 써 보세요

낙숫물이 댓돌을 뚫는다

작은 일이라도 꾸준히 계속하면 큰일을 이룰 수 있음을 비유적으로 이르는 말.

단어 댓돌 : 집채의 낙숫물이 떨어지는 곳. 안쪽으로 돌려 가며 놓은 돌.

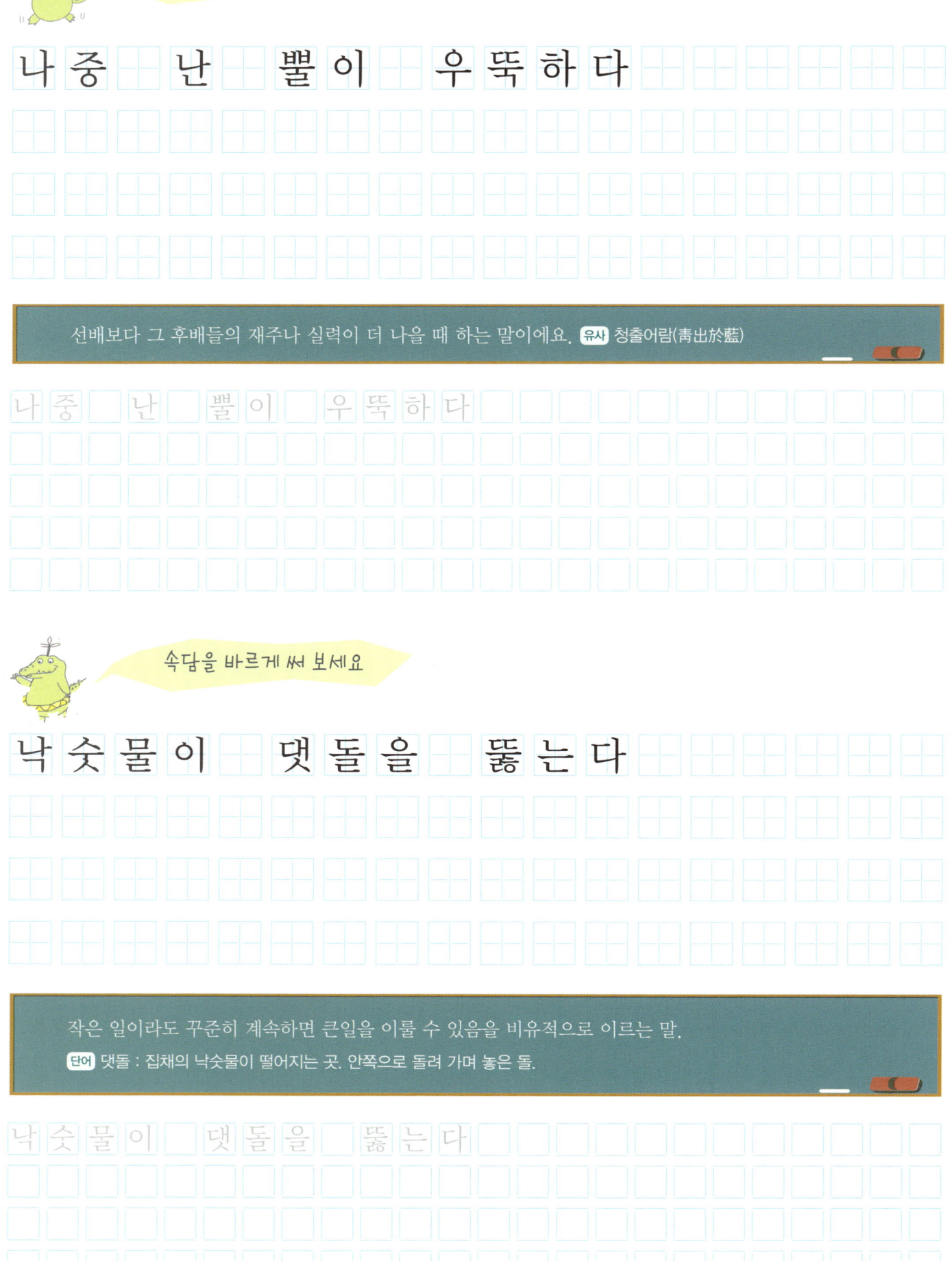

낙숫물이 댓돌을 뚫는다

속담을 바르게 써 보세요

낙숫물은 떨어지던 데 또 떨어진다

한번 버릇이 들면 고치기 어렵다는 뜻입니다. 나쁜 버릇이 들지 않도록 노력합시다.

유사 세 살 버릇 여든까지 간다 **단어** 낙숫물 : 처마(지붕 끄트머리) 끝에서 떨어지는 물.

다시 한번 써 보세요

낙숫물은 떨어지던 데 또 떨어진다

속담을 바르게 써 보세요

남의 눈에 눈물 내면 제 눈에는 피눈물 난다

남에게 모질고 악한 짓을 하면 자신은 더 큰 벌을 받게 된다는 뜻. 반대로 착한 일을 하면 복 받겠죠?

유사 남의 눈에서 피 내려면 내 눈에서 고름이 나야 한다

남의 눈에 눈물 내면 제 눈에는 피눈물 난다

속담을 바르게 써 보세요

남의 다리 긁는다

남의 밥에 든 콩이 굵어 보인다

가려운 내 다리 대신 남의 다리를 긁으면 헛수고겠죠? 자기가 해야 할 일을 모른 채 엉뚱하게 다른 일을 할 때 쓰는 말.

물건은 남의 것이 제 것보다 더 좋아 보이고, 일은 남의 일이 제 일보다 더 쉬워 보인다는 의미. 인간의 욕심은 끝이 없음을 꼬집은 말이에요.

유사 남의 손의 떡이 더 커 보이고 남이 잡은 일감이 더 헐어 보인다

남의 다리 긁는다

남의 밥에 든 콩이 굵어 보인다

속담을 바르게 써 보세요

남의 돈 천 냥이 내 돈 한 푼만 못하다

지형이네
새 게임기보다
오래된 내 인형이
더 좋아요.

아무리 작고 보잘것없어도 내 손 안에 있는 것이 남의 것보다 낫다는 뜻. 남의 것을 부러워하는 마음 때문에 자기 것을 하찮게 여기는 어리석음을 저지르지 말라는 의미예요.

유사 ① 남의 더운 밥이 내 식은 밥만 못하다 ② 남의 집 금송아지가 우리 집 송아지만 못하다

남의 돈 천 냥이 내 돈 한 푼만 못하다

속담을 바르게 써 보세요

내리사랑은 있어도 치사랑은 없다

내 손톱에 장을 지져라

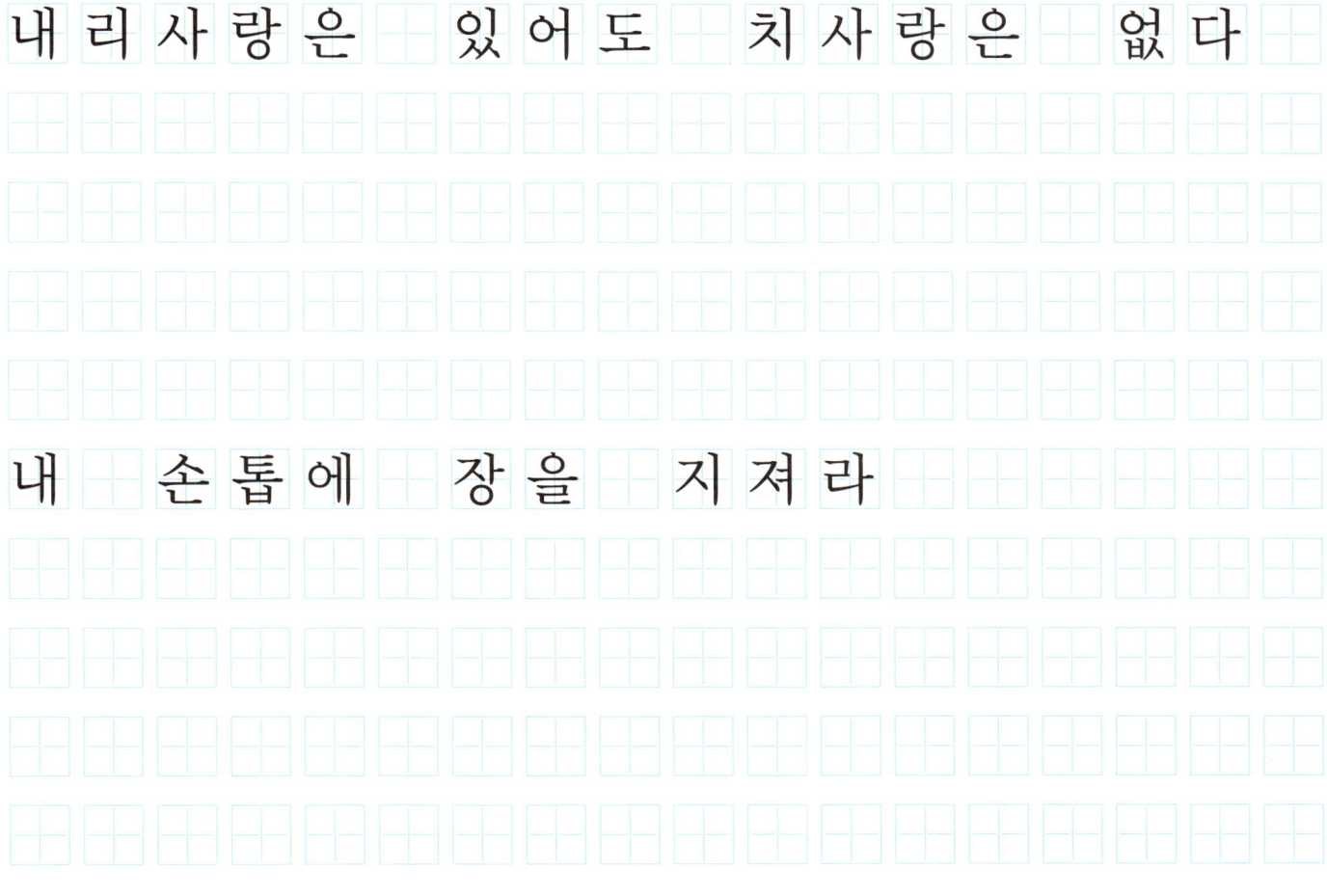

윗사람이 아랫사람을 사랑하기는 해도 아랫사람이 윗사람을 사랑하기는 좀처럼 쉽지 않다는 뜻이에요. 또한 부모님은 자식들에게 한없이 사랑을 베풀지만, 자식들은 부모에게 한없이 원하기만 한다는 뜻도 있어요. 항상 감사하는 마음 잊지 마세요.

손톱에 불을 달아 장을 지지면 그 고통이 어떨까요? 그런 모진 일을 겪을 각오를 하고도 자기가 옳다는 것을 장담할 때 쓰는 말. 유사 내 손에 장을 지지겠다 단어 장 : 손이나 발에 뜸을 뜰 때 만드는 뜸장.

내리사랑은 있어도 치사랑은 없다

내 손톱에 장을 지져라

가로 뜻풀이

❶ 바느질을 하려면 먼저 바늘구멍에 실을 꿰어야 하지만, 급하다고 바늘허리에다 실을 맨다면 바느질이 되질 않겠죠. 무슨 일이든 절차와 순서가 있으니 침착하게 일을 처리하라는 뜻입니다.

❷ 여러 사람이 함께 지켜도 한 사람이 나쁜 짓을 하려고 작정을 하면 막을 수 없다는 말이에요.

❸ 무슨 일이든지 시작이 어렵지 일단 시작하면 일을 끝마치기는 그리 어렵지 않다는 뜻. 우물쭈물 망설이고 주저하는 것보다 행동으로 실행해 보세요.

❹ 상대편이 말을 고맙게 하면 이쪽에서도 후하게 인심을 쓰게 된다는 말이에요. 말 한마디에 천냥 빚도 갚는다고 하죠?

❺ 어떤 일에 남보다 뒤늦게 재미를 붙이면 그칠 줄 모르고 더욱 열중한다는 뜻이에요.

세로 뜻풀이

❶ 사흘이나 걸리는 길을 급히 가려다가 열흘씩 앓아눕는다는 뜻으로, 일을 처음부터 너무 급히 서두르면 제 시간보다 더 오래 걸릴 수 있답니다. 또는 일하는 시간보다 쉬는 시간이 더 많아 몹시 게으르단 뜻도 있어요.

❷ 마침 울고 싶은데 때리니 좋은 구실이 생긴 거겠죠. 하고 싶은데 좋은 핑계거리가 생겼을 때 쓰는 말.

❸ 둔한 사람은 아무리 가르치고 일러 주어도 알아듣지 못한다는 뜻입니다.

❹ 가면 갈수록 더 어려운 일이 생긴다는 뜻으로 일이 쉽게 풀리지 않을 때 사용하는 말.

❺ 남이 잘 되는 것을 기뻐해 주지는 않고 오히려 질투하고 시기하는 경우에 자주 쓰는 속담이에요. 친구에게 좋은 일이 생기면 축하해 주세요!

급하다 바늘허리에 실 매어 쓸까
열 사람이 지켜도 한 도적 못 막는다
시작이 반이다
말이 고마우면 비지 사러 갔다가 두부 사 온다
늦게 배운 도둑이 날 새는 줄 모른다
사흘길에 하루쯤 가서 열흘씩 눕는다
울고 싶자 때린다
쇠귀에 경 읽기
산 넘어 산이다
사촌이 땅을 사면 배가 아프다

속담을 바르게 써 보세요

누울 자리 봐 가며 발 뻗어라

눈은 있어도 망울이 없다

실컷 한 일이 헛수고가 될 수도 있으니 무슨 일을 하든지 그 결과를 예측하면서 시작하라는 말이에요. 유사 ① 발 뻗을 자리를 보고 누우랬다 ② 이부자리 보고 발을 펴라

생일잔치에 주인공이 빠지면 의미가 없겠죠? 있기는 있는데 가장 중요한 것이 빠져서 없는 것과 마찬가지라는 말. 또는 사물을 제대로 분별할 줄 모를 때 쓰는 말.

누울 자리 봐 가며 발 뻗어라

눈은 있어도 망울이 없다

속담을 바르게 써 보세요

늦게 배운 도둑이 날 새는 줄 모른다

어떤 일에 남보다 뒤늦게 재미를 붙이면 그칠 줄 모르고 더욱 열중한다는 뜻이에요.

뜻을 생각하며 다시 한번 써 보세요

늦게 배운 도둑이 날 새는 줄 모른다

속담을 바르게 써 보세요

늙은 말이 길을 안다

나이와 경험이 많으면 그만큼 일에 대한 이치를 잘 안다는 뜻. 어른들 말씀은 새겨 들으세요.

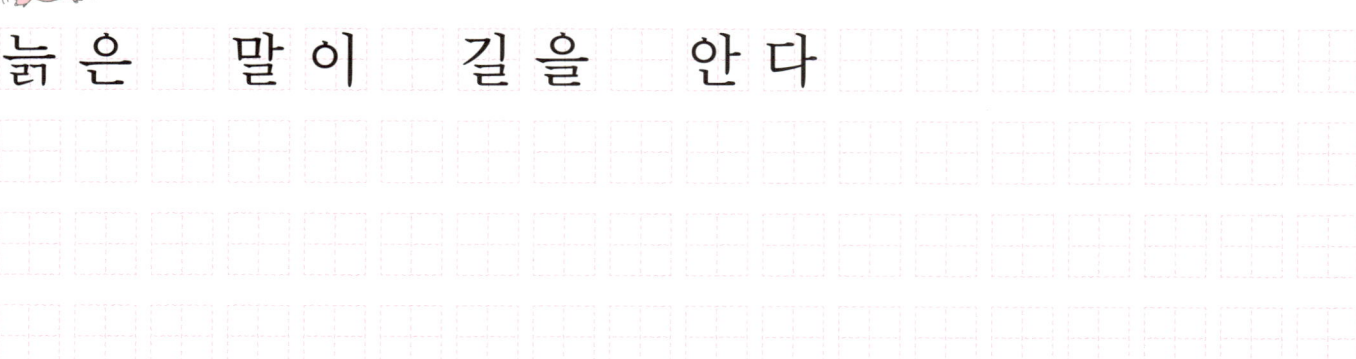

늙은 말이 길을 안다

속담을 바르게 써 보세요

달걀도 굴러가다 서는 모가 있다

끝나지 않을 것처럼 질질 끌던 일도 언젠가는 끝나게 되니 희망을 가지라는 의미예요.

달걀도 굴러가다 서는 모가 있다

속담을 바르게 써 보세요

달도 차면 기운다

당장 먹기엔 곶감이 달다

행운이 있으면 뒤에는 불운도 따른다는 말. 지금의 행운이 언제나 계속되는 것은 아니라는 뜻이에요. 세상에 영원한 것은 없답니다.

당장 좋은 것은 한순간뿐이고 오래 이로운 것이 못 된다는 뜻. 지금은 실속있고 좋아 보이지만 나중에 손해를 볼 수도 있으니 항상 신중해야겠죠?

달도 차면 기운다

당장 먹기엔 곶감이 달다

속담을 바르게 써 보세요

도깨비는 방망이로 떼고, 귀신은 경으로 뗀다

몹시 귀찮은 존재를 멀리하는 데는 각각에 맞는 방법을 써야 효과적이란 뜻이에요.

단어 경 : 유학에서 가르침을 담은 '경서' 또는 불교의 교리를 밝혀놓은 '불경' 을 가리킴.

다시 한번 써 보세요

도깨비는 방망이로 떼고, 귀신은 경으로 뗀다

속담을 바르게 써 보세요

도끼로 제 발등 찍는다

남을 해치려다 오히려 자기가 해를 입는다는 뜻이에요.

도끼로 제 발등 찍는다

속담을 바르게 써 보세요

도둑을 맞으려면 개도 안 짖는다

운수가 나쁘면 하나부터 열까지 모든 것이 제대로 되는 일이 없다는 말이에요. 배고픈데 집에 밥도 없고 라면도 없는 그런 날이 있죠? 유사 설상가상

도둑을 맞으려면 개도 안 짖는다

속담을 바르게 써 보세요

도둑이 제 발 저리다

죄를 지으면 자연히 마음이 조마조마하여 반드시 티가 나게 마련이라는 말이에요.

도둑이 제 발 저리다

속담을 바르게 써 보세요

도둑이 매 든다

자기 잘못을 뉘우치거나 조마조마해 하지 않고 오히려 뻔뻔하게 큰소리를 치다니 기가 막히고 황당하죠. 유사 ① 도둑놈이 몽둥이 들고 길 위에 오른다 ② 방귀 뀐 놈이 성낸다 ③ 적반하장(賊反荷杖)

도둑이 매 든다

속담을 바르게 써 보세요

독장수구구는 독만 깨뜨린다

돈은 앉아서 주고 서서 받는다

옛날에 옹기장수가 길에서 독을 쓰고 자다가 꿈에 큰 부자가 되어 좋아서 뛰는 바람에 꿈을 깨고 보니 독이 깨졌더라는 이야기에서 생긴 말이에요. 쓸데없이 미리 셈을 하거나 궁리하는 것을 '독장수구구'라고 해요. 단어 구구 : 셈.

남에게 돈을 빌려 주기는 쉬우나 돌려받기는 매우 힘들다는 것을 비유적으로 이르는 말.

독장수구구는 독만 깨뜨린다

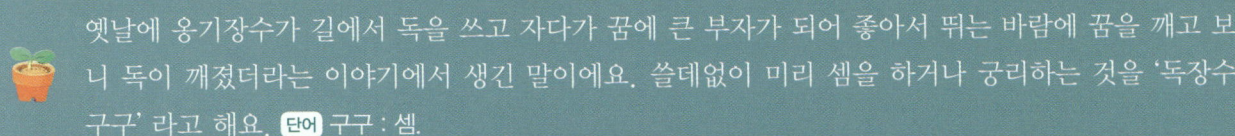

돈은 앉아서 주고 서서 받는다

속담을 바르게 써 보세요

동냥은 안 주고 쪽박만 깬다

두 손뼉이 맞아야 소리가 난다

요구하는 것은 안 주고 도리어 방해만 하는 경우를 말해요. 심술쟁이 놀부가 잘 하던 짓.

유사 동냥은 아니 주고 자루 찢는다

단어 ① 동냥 : 거지가 집집이 다니며 구걸하는 일, 또는 그렇게 받는 물건. ② 쪽박 : 작은 바가지.

무슨 일이든지 서로 뜻이 맞아야 이루어질 수 있다는 말이에요.

동냥은 안 주고 쪽박만 깬다

두 손뼉이 맞아야 소리가 난다

콩트

"준호야, 학교 숙제 없니? 그렇게 게임만 하고 있을 거야?"

"숙제 없어요! 엄마."

준호는 학교에서 오자마자 방에 들어가 몇 시간째 게임을 하고 있습니다. 보다 못한 엄마는 다시 준호의 방으로 갑니다.

"정말 숙제 없어? 잊고 있는 건 아니냐구."

"없다니까요! 숙젠 제가 알아서 한다구요."

그렇게 시간이 흐르고, 저녁식사를 맛있게 한 식구들은 거실에 앉아 이야기를 나누고 있었습니다.

어느덧 시계 바늘이 밤 10시를 향합니다.

"우리 준호는 요새 학교생활 잘 하고 있니?"

"예? 아… 아빠… 당연히 잘… 아차!"

순간 준호는 엉덩이에 불난 듯 방으로 달려갑니다.

내일까지 내야 하는 숙제가 지금에서야 생각난 것입니다.

"아휴… 준호 이 녀석, ★★★ ●● ▲▲▲ ■■■더니… 내가 그렇게 숙제했냐고 물어도 없다고 큰소리 치더니만. 쯧쯧."

Q 상황을 그려보며 빈칸 속에 들어갈 속담을 생각해 보세요.

A

▶ 정답 : 발등에 불이 떨어졌다

속담을 바르게 써 보세요

두 마리 토끼를 잡으려다 다 놓친다

욕심을 부려 한꺼번에 여러 가지 일을 하려다 그 가운데 하나도 이루지 못한다는 말.
체육대회에서 달리기도 일등, 높이뛰기도 일등하기 힘들죠? 한 가지라도 차근차근 최선을 다하세요.

다시 한번 써 보세요

두 마리 토끼를 잡으려다 다 놓친다

속담을 바르게 써 보세요

드는 정은 몰라도 나는 정은 안다

정이 들 때는 잘 느끼지 못해도 정이 떨어져 싫어질 때는 확실히 알 수 있다는 말이에요. 또는 정이 들 때는 잘 느끼지 못했는데 막상 헤어질 때가 되니 그 정이 얼마나 두터웠는지 새삼 알게 된다는 뜻도 있답니다. 미운 정이 더 무섭다고 해요.

다시 한번 써 보세요

드는 정은 몰라도 나는 정은 안다

속담을 바르게 써 보세요

똥 묻은 개가 겨 묻은 개 나무란다

자기는 더 큰 흉이 있으면서 도리어 남의 작은 흉을 가지고 험담할 때 쓰는 말. 남에게 손가락질 하기 전에 먼저 거울에 비친 자신의 모습을 꼭 한번 들여다보세요.

유사 ① 숯이 검정 나무란다 ② 가랑잎이 솔잎더러 바스락거린다고 한다

단어 겨 : 벼, 보리, 조 따위의 곡식을 찧어 벗겨 낸 껍질을 통틀어 이르는 말.

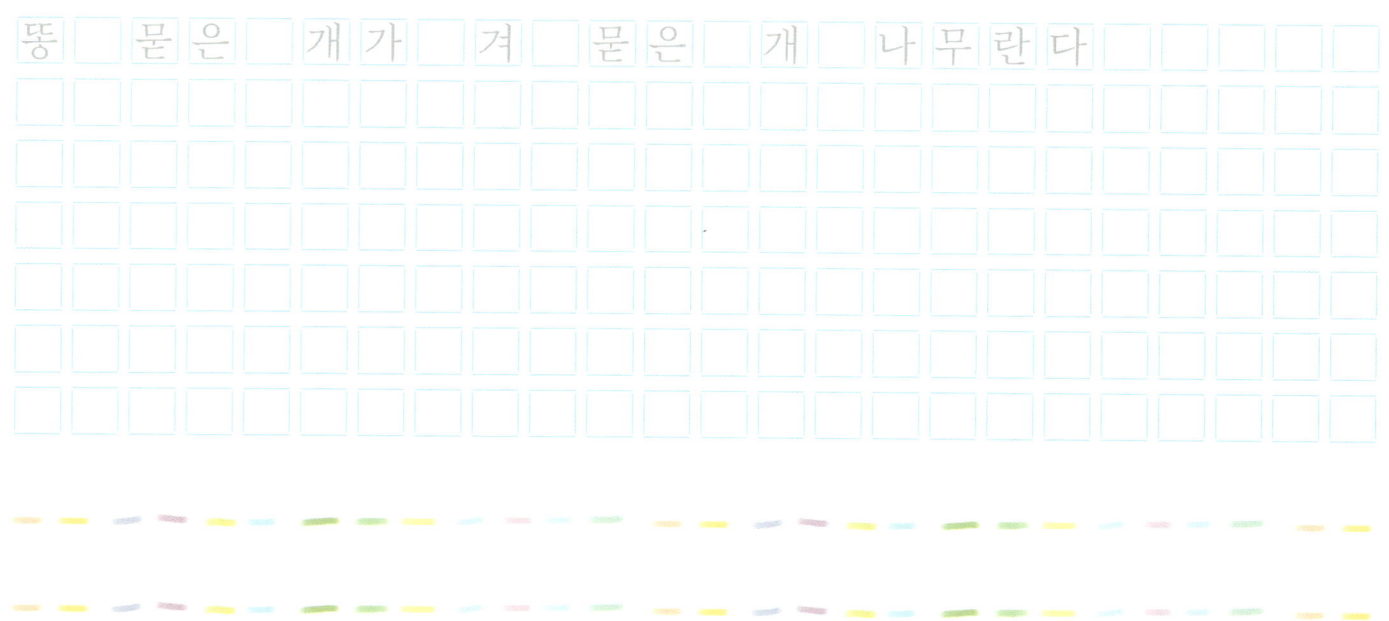

똥 묻은 개가 겨 묻은 개 나무란다

속담을 바르게 써 보세요

마른논에 물 대기

마른하늘에 날벼락

바짝 마른논에는 물을 아무리 대어도 별로 티가 안 난대요. 일이 매우 힘들거나 힘들여 해놓아도 성과가 없는 경우를 가리키는 말이에요. 한여름 가뭄에 허덕일 때 농민들은 얼마나 고생이 많을까요? 밥상에 오른 밥 한 공기도 감사하며 맛있게 먹어요. **유사** 가문 논에 물 대기

뜻하지 않은 상황에서 뜻밖에 입는 재난을 이르는 말이에요. 예고없이 찾아온 불행이 아닐까요?
단어 마른하늘 : 비나 눈이 오지 않는 맑게 갠 하늘. "구름 하나 없는 마른하늘."

마른논에 물 대기

마른하늘에 날벼락

속담을 바르게 써 보세요

마음 없는 염불

말 많은 집은 장맛도 쓰다

하기 싫은 일을 형식만 꾸미고 억지로 한다는 뜻이에요.

단어 염불 : 불경(불교 교리를 밝혀놓은 모든 책을 통틀어 이르는 말)을 외는 일.

입으로는 그럴듯하게 말하지만 실상은 좋지 못하다는 말. 말이 많음을 경계하는 속담이에요.

단어 장맛 : 간장이나 된장 따위의 맛. "장맛이 있는 집에 복이 많다."

마음 없는 염불

말 많은 집은 장맛도 쓰다

속담을 바르게 써 보세요

말이 고마우면 비지 사러 갔다가
두부 사온다

상대편이 말을 고맙게 하면 이쪽에서도 후하게 인심을 쓰게 된다는 말이에요. 말 한마디에 천냥 빚도 갚는다고 하죠? **단어** 비지 : 두부를 만들 때 두유를 짜고 남은 찌꺼기.

말이 고마우면 비지 사러 갔다가 두부 사온다

속담을 바르게 써 보세요

말 한마디에 천 냥 빚도 갚는다

맛없는 국이 뜨겁기만 하다

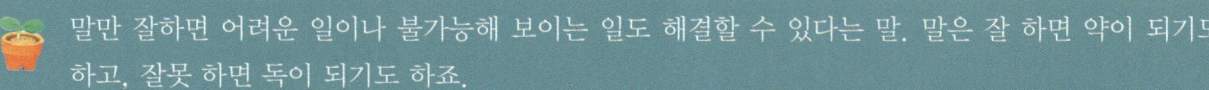

말만 잘하면 어려운 일이나 불가능해 보이는 일도 해결할 수 있다는 말. 말은 잘 하면 약이 되기도 하고, 잘못 하면 독이 되기도 하죠.

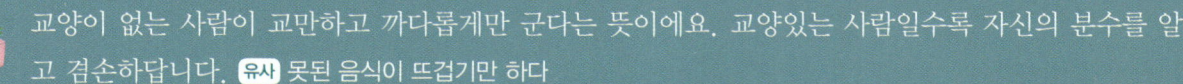

교양이 없는 사람이 교만하고 까다롭게만 군다는 뜻이에요. 교양있는 사람일수록 자신의 분수를 알고 겸손하답니다. 유사 못된 음식이 뜨겁기만 하다

말 한마디에 천 냥 빚도 갚는다

맛없는 국이 뜨겁기만 하다

속담을 바르게 써 보세요

망건 쓰자 파장

먼 사촌보다 가까운 이웃이 낫다

장에 가려고 준비하는 동안 이미 파장하고 말았다는 뜻. 너무 늦장을 부리다가 기회를 놓치는 경우를 가리키는 말이에요. 기회가 오면 놓치지 말고 꽉 잡으세요.

단어 ① 망건 : 상투를 튼 남자어른이 머리에 두르는 그물 모양의 물건. ② 파장 : 일이 거의 끝나가는 판이나 무렵.

이웃사촌이란 말도 있죠? 가까이 지내는 이웃이 먼 데 사는 친척보다 훨씬 의지가 된다는 뜻으로, 이웃끼리 서로 도우며 사는 것이 중요하다는 의미입니다.

망건 쓰자 파장

먼 사촌보다 가까운 이웃이 낫다

속담을 바르게 써 보세요

매달린 개가 누워 있는 개를 보고 웃는다

남보다 못한 형편에 있으면서 오히려 남을 비웃는 경우를 일컫는 말입니다.

뜻을 음미하며 다시 한번 써 보세요

매달린 개가 누워 있는 개를 보고 웃는다

윤하는 불만이 많습니다. 오늘도 동생과 싸웠는데 언니라고 야단맞았습니다.

등굣길에 터덜터덜 걸어가는데 뒤에서 누가 불러세웁니다.

시무룩한 얼굴로 돌아보는 윤하를 향해 옆집 미진 언니가 생글거리며 다가섭니다.

"윤하야, 같이 가자. 너 왜 이렇게 아침부터 힘이 없어? 혼났니?"

"몰라. 난 아무래도 울엄마 딸이 아닌가봐. 동생한테만 잘해주고 싸워도 나만 혼나. 칫!"

"으이구~ 나도 맨날 혼났어. 나도 너처럼 똑같이 생각하고 서러웠는데, 어느날 엄마랑 선생님이랑 하는 말씀을 엿들은 적 있었지.

학교에서 모범을 보이지 않으면 많이 혼내고 잘 지도해 달라고 선생님께 부탁을 하시더라구.

그때 느꼈어. 엄마가 내 걱정을 정말 많이 하시는구나!

자기 엄마가 떠받들고 자랑하는 뒷집 승훈이를 봐.

얼마나 학교에서 말썽쟁인지. 다 너 잘 되라고 그러시는 거야. 알았지?"

"언니, 고마워. 헤헤~ 기분이 좀 좋아지는걸. 갑자기 학교에서 배운 속담이 생각나네.

★★ △△ ● ◻ ◆ ▲ ○○○ ●● ■■ ◻ ▲ ○ ★ ▲▲. 어제 배웠는데… 딱 이럴 때 하는 말이구나. 아~ 갑자기 엄마가 보고싶다. 언니 이따 집에 같이 가자."

Q 상황을 떠올리며 동그라미 속에 들어갈 속담을 생각해 보세요.

A

▶ 정답 : 귀한 자식 매 한 대 더 때리고 미운 자식 떡 한 개 더 준다

속담을 바르게 써 보세요

며느리가 미우면 발뒤축이 달걀 같다고 나무란다

발뒤축이 달걀처럼 미끈하면 예쁜 것인데 그것도 흠이라고 한다니 너무하죠? 옛날부터 미운 사람에 대해 서는 공연히 트집을 잡아서 억지로 허물을 지어낸다고 할 때 쓰는 말이에요.

단어 발뒤축 : 발 뒤쪽의 둥그런 부분 가운데 맨 뒤쪽의 두둑하게 나온 부분. 발꿈치와 비슷.

다시 한번 써 보세요

며느리가 미우면 발뒤축이 달걀 같다고 나무란다

속담을 바르게 써 보세요

물이 깊어야 고기가 모인다

메뚜기도 오뉴월이 한철이다

마음이 깊어야 사람들이 따른다는 뜻. 마음 깊은 사람이 되려면 어떤 노력을 해야 할까요?

5월에서 6월 경 농촌 들판을 주름잡던 메뚜기 떼도 시간이 지나면 사라지듯이 명예나 행운도 계속되지 않고 지나가게 마련이라는 말. 잘될 때가 있으면 안될 때도 있으니 항상 자만하지 말아야 한다는 의미예요.

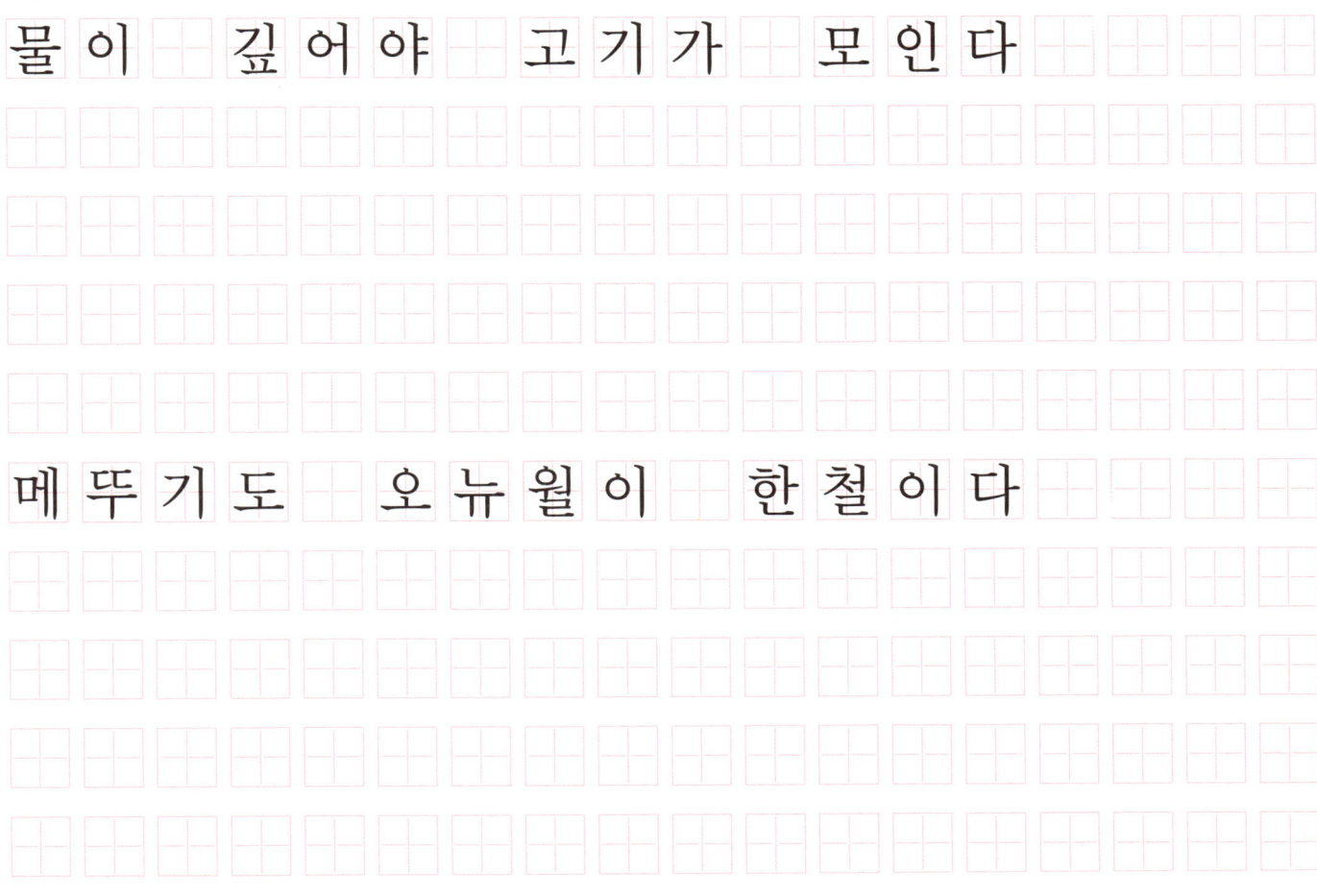

물이 깊어야 고기가 모인다

메뚜기도 오뉴월이 한철이다

속담을 바르게 써 보세요

모처럼 능참봉을 하니까 한 달에 거둥이 스물아홉 번

오랫동안 기다린 끝에 모처럼 일자리를 하나 얻으니까 실속 없이 바쁘기만 하다는 말이에요.

단어 ① 능참봉 : 지난날 능을 맡아보던 벼슬. ② 거둥 : 임금의 나들이. 행차. 본디말은 거동.

모처럼 능참봉을 하니까 한 달에 거둥이 스물아홉 번

속담을 바르게 써 보세요

물은 건너 보아야 알고 사람은 지

내보아야 안다

사람은 겉만 보고는 알 수 없으며, 오래 겪어 보아야 사람됨을 알 수 있다는 말입니다.
첫인상으로 쉽게 사람을 판단하면 안 되겠지요?

다시 한번 써 보세요

물은 건너 보아야 알고 사람은 지내보아야 안다

속담을 바르게 써 보세요

모기 다리에서 피 뺀다

교묘한 수단으로 자기보다 약하고 힘 없는 사람에게서도 재물을 뜯어내는 것을 말합니다.

모 기 다 리 에 서 피 뺀 다

속담을 바르게 써 보세요

모로 가도 서울만 가면 된다

수단이나 방법에 상관없이 목적만 이루면 된다는 말.

단어 모로 : 아무렇게나, 비껴서 또는 대각선으로. "눈이 모로 향하다."

모 로 가 도 서 울 만 가 면 된 다

속담을 바르게 써 보세요

물 본 기러기 산 넘어가랴

물러도 준치 썩어도 생치

그리운 사람이나 좋아하는 것을 봤는데 그냥 지나칠 리 없다는 말입니다. 책을 좋아하는 내 동생, 오늘도 서점 앞을 그냥 지나치지 않아요.

본래 좋고 훌륭한 것은 비록 상해도 그 뛰어남에는 변함이 없다는 의미예요. 유사 썩어도 준치

단어 ① 준치 : 청어과의 바닷물고기로 살에 가시가 많으나 맛이 썩 좋음.
② 무르다 : 굳은 것이 물컹거리다. ③ 생치 : 익히거나 말리지 않은 꿩고기.

우리반 반장이 그럴 리 없어.
그럼~ 물러도 준치 썩어도 생치인걸.

물 본 기러기 산 넘어가랴

물러도 준치 썩어도 생치

속담을 바르게 써 보세요

미끄러진 김에 쉬어 간다

일이 잘못되었지만 그때를 핑계 삼아 쉬거나 어떤 다른 행동을 하는 경우에 하는 말이에요.

미끄러진 김에 쉬어 간다

속담을 바르게 써 보세요

미련이 담벼락 뚫는다

미련한 사람이 오히려 끈기가 있어 목표를 이루어낸다는 뜻. 끝까지 포기하지 않는 사람이 마지막에 웃는 법이죠.

미련이 담벼락 뚫는다

숙담을 바르게 써 보세요

밀가루 장사 하면 바람이 불고 소금 장사 하면 비가 온다

밀가루 장사를 하려고 장을 펼치면 바람이 불어와서 가루가 날리고, 소금 장사를 하려고 하면 비가 와서 소금이 녹아내린다니 정말 운이 없죠? 일이 공교롭게도 매번 어긋남을 비유적으로 이르는 말입니다.

뜻을 음미하며 다시 한번 써 보세요

밀가루 장사 하면 바람이 불고 소금 장사 하면 비가 온다

가로 뜻풀이

❶ 죄를 지으면 자연히 마음이 조마조마하고 반드시 티가 나게 마련이죠.

❷ 작은 힘이라도 꾸준히 계속하면 큰일을 이룰 수 있음을 비유적으로 이르는 말.

❸ 좋은 말이라도 충고라고 하면 괜히 기분이 나빠 듣기 싫어한다는 뜻으로 써요. 몸에 좋은 약이 입에는 쓴 법이죠.

❹ 상대가 무엇이 필요한지 잘 알아서 시원하게 만족시켜 준다는 뜻이에요.

❺ 세상일이란 돌고 도는 것이어서 처한 사정이나 형편이 뒤바뀌는 경우가 많다는 의미입니다. 그러니 좋은 상황일 때 감사할 줄 알고 나쁜 상황일 때 절망하지 마세요.

❻ 짐승인 개도 자기를 돌봐 주는 주인을 알아본다고 해요. 은혜를 저버리고 배신하는 사람을 꾸짖어 이르는 말입니다.

세로 뜻풀이

❶ 작은 바늘을 가지고 낚싯대를 만들어서 물에 빠진 큰 도끼를 낚아낸다는 뜻으로, 적은 밑천을 들여서 큰 이익을 얻으려 할 때 쓰는 말이에요.

❷ 무슨 일이든지 그 일에 필요한 준비가 있어야 그 결과를 얻을 수 있다는 말.

❸ 희귀한 보물인 산 호랑이의 눈썹도 아쉬울 게 없다는 뜻으로, 모든 것을 다 가지고 있어서 세상에 부러울 것이 없다는 말입니다.

❹ 모든 일에는 질서와 차례가 있는 법인데 참지 못하고 성급하게 덤비면 어떻게 될까요? 급할수록 더욱 신중해질 필요가 있죠.

❺ 개 발에 편자가 무슨 소용이 있겠어요? 전혀 어울리지 않는 상황이나 물건을 두고 하는 말이에요.

1
2
3
1
2
3
4
4
5
5 6
도둑이 제 발 저리다
산 호랑이 눈썹도 그리울 게 없다
꿀도 약이라 하면 쓰다
우물에 가 숭늉 찾는다
양지가 음지 되고 음지가 양지 된다
개도 닷새가 되면 주인을 안다
개 발에 편자
바늘 넣고 도끼 낚는다
낙숫물이 댓돌을 뚫는다
거미도 줄을 쳐야 벌레를 잡는다
가려운 데를 긁어 주듯

속담 전체

가까운 길 두고 먼 길로 간다
편하고 빠른 방법이 있는데도 굳이 어렵고 힘든 방법을 택해 쓸데없이 고생한다는 뜻이에요.

가난 구제는 나라도 못한다
가난한 사람을 구하는 일은 끝이 없을 만큼 많아서 개인은 물론 나라의 힘으로도 힘들다는 뜻이에요.

가는 말에 채찍질
한창 힘나서 할 수 있을 때 더욱 열심히 힘써야 한다는 뜻이에요.

가다 말면 안 가느니만 못하다
어떤 일을 하다가 도중에 그만 두면 처음부터 하지 않는 편이 차라리 나을지도 모르죠.

가랑잎이 솔잎더러 바스락거린다고 한다
제 허물이 큰 줄은 모르고 남의 작은 허물을 나무라는 어리석은 행동을 이르는 말이에요.

가려운 데를 긁어 주듯
상대가 무엇이 필요한지 잘 알아서 그 욕구를 시원하게 만족시켜 준다는 뜻이에요.

가자니 태산이요, 돌아서자니 숭산이라
앞에도 큰 산, 뒤에도 큰 산으로 막혀 있어서 꼼짝없이 갇혔다는 의미예요. 이럴 수도 저럴 수도 없는 답답한 상황에서 쓰는 말입니다.

가재는 게 편
모양이나 형편이 서로 비슷하고 인연이 있는 사람끼리 서로 잘 어울리고, 감싸주기 쉬움을 비유적으로 이르는 말.

가지 많은 나무에 바람 잘 날이 없다
자식을 많이 둔 부모는 늘 근심이 그칠 날이 없게 마련이지요.

간에 붙었다 쓸개에 붙었다 한다
자기에게 조금이라도 이익이 되면 이편에 붙었다 저편에 붙었다 하는 약아빠진 행동을 이르는 말.

감기 고뿔도 남을 안 준다
자신에게 해로운 감기마저도 남에게 안 줄 정도로 지독하게 인색한 사람을 일컫는 말이에요.

감나무 밑에 누워서 홍시 떨어지기를 기다린다
공부는 안하고서 시험에서 좋은 성적 받기를 바라는 것은 헛된 욕심이겠지요? 아무런 노력도 하지 않으면서 좋은 결과가 이루어지기만을 바라는 것을 비유적으로 이르는 말이에요.

갓 사러 갔다가 망건 산다
사려고 하던 물건이 없자 그와 비슷하거나 전혀 쓰임이 다른 것을 사는 경우 또는 남이 권하는 대로 따르는 경우를 가리키는 말이에요.

강물도 쓰면 준다
많다고 해서 마구 쓰면 결국에는 남는 것이 없겠죠? 평소 모든 물건을 아껴쓰라는 말이에요.

강태공이 세월 낚듯 한다
중국 주나라 때 정치가 강태공이 때를 기다리기 위해 호숫가에서 낚시질로 세월을 보냈다고 해요. 무슨 일이든 더디고 느린 것을 가리키는 말로 쓰입니다.

갖바치 내일 모레
신 만드는 사람이 일이 몰려 약속한 날을 번번이 어기고 계속 미룬다는 뜻. 약속된 날짜를 지키지 않고 해야 할 일을 차일피일 미루는 사람들을 빗대어 하는 말이에요.

개 꼬리 삼 년 묵어도 황모 되지 않는다
개의 꼬리를 황모가 되라고 3년이나 묻어두어도 불가능하다는 말. 본래 타고난 성격은 고치기 어렵다는 뜻이에요.

개구리도 옴쳐야 뛴다
무슨 일을 하든지 아무리 급해도 준비운동은 하고 시작해야겠죠?

개도 닷새가 되면 주인을 안다

짐승인 개도 자기를 돌봐주는 주인을 알아본다고 해요. 은혜를 저버리고 배신하는 사람을 이르는 말입니다.

개똥도 약에 쓰려면 없다

평소에는 흔하던 물건도 정작 쓰려고 하면 없다는 뜻.

개 머루 먹듯

개는 익은 머루와 안 익은 머루를 구별하지 못하고 그 맛도 모르면서 먹어요. 이처럼 어떤 일을 할 때 무엇인지도 잘 모른 채 대충 하거나 좋고 나쁨을 가리지 못한 채 주어진 대로만 하는 경우를 두고 쓰는 말이에요.

개 못된 것은 들에 가서 짖는다

집을 지켜야 할 개가 엉뚱하게 들에 나가서 짖는다는 말이에요. 자기가 해야 할 일은 하지 않고 아무 소용없는 데 가서 잘난 체하고 떠드는 행동을 꼬집는 말이랍니다.

개 발에 편자

개 발에 편자가 무슨 소용이 있겠어요? 전혀 어울리지 않는 상황이나 물건을 두고 하는 말이에요.

개 보름 쇠듯

정월대보름엔 소도 좋은 먹이를 먹지만 개만큼은 먹이를 주면 여름에 파리가 꾀고 깡마른다고 하여 굶겼다고 해요. 남들은 잘 먹고 지내는 명절에 제대로 먹지 못하고 지낸다는 말이에요.

거동길 닦아 놓으니까 깍쟁이가 먼저 지나간다

임금이 거동할 길을 애써 닦아 놓으니까 말도 안 되는 사람이 먼저 지나간다는 의미입니다.

거미도 줄을 쳐야 벌레를 잡는다

무슨 일이든지 그 일에 필요한 준비가 있어야 그 결과를 얻을 수 있다는 말.

게으른 놈이 저녁때 바쁘다

게으른 사람은 놀다가 일이 다 끝날 즈음에야 서두른다는 뜻. 숙제는 미뤄서 하지 말고 미리미리 하세요.

겨울바람이 봄바람 보고 춥다 한다

자기 허물은 생각지 않고 남의 작은 허물만 꾸짖을 때 쓰는 말이에요.

겨울이 지나지 않고 봄이 오랴

세상일에는 다 일정한 순서와 법칙이 있어서 아무리 급해도 억지로 바꿀 수가 없어요. 또한 겨울이 지나면 따뜻한 봄이 오듯 시련과 곤란을 극복해야 보람된 결과를 얻을 수 있다는 말이에요.

고기는 씹어야 맛이요, 말은 해야 맛이라

해야 할 말을 못하고 끙끙대면 속병 날지도 몰라요. 할 말은 때를 놓치기 전에 속 시원히 털어놓으세요.

고름이 살 되랴

고름은 몸에 지니고 있어봤자 해로울 뿐이죠. 필요없는 것은 묵히지 말고 미리 없애버려야 한다는 뜻.

고방에서 인심 난다

내 배가 우선 부르고 여유가 있어야 남을 도울 수도 있다는 뜻.

고양이 쥐 생각

속으로는 해칠 마음을 품고 있으면서, 겉으로는 친절한 척한다는 뜻.

고운 사람 미운 데 없고 미운 사람 고운 데 없다

고운 사람은 어떻게 해도 예뻐 보이고 미운 털이 박힌 사람은 무슨 일을 해도 미워 보인다는 뜻이에요.

공든 탑이 무너지랴

공을 들여 쌓은 탑은 튼튼해서 무너질 리 없죠. 무엇이나 노력하고 정성을 다한 일은 결코 헛되지 않다는 의미.

과일 망신은 모과가 시킨다

한 무리 속에서 지지리 못난 사람의 잘못이나 실수가 같이 있는 동료까지 망신시킨다는 말이에요.

구더기 무서워 장 못 담글까

방해되는 요소가 있다고 해도 반드시 해야 할 일을 그냥 넘기면 안 되겠죠? 문제를 해결하는 능력을 키우세요.

귀신이 곡할 노릇

황당하고 신기한 일이 생길 때 하는 말이에요.

귀 막고 방울 도둑질한다

도둑이 자기 귀를 막고 방울을 도둑질하다니 참으로 어리석은 눈속임이죠? 얕은 꾀를 써서 남을 속이려고 하지만 거기에 속는 사람이 없음을 이르는 말.

귀한 자식 매 한 대 더 때리고 미운 자식 떡 한 개 더 준다
자식이 이쁘다고 아이에게 좋게만 해 주는 것이 오히려 해롭다는 뜻으로, 자식은 귀할수록 엄격히 가르치라는 의미입니다.

급하다고 바늘허리에 실 매어 쓸까
바느질을 하려면 먼저 바늘구멍에 실을 꿰어야 하지만, 급하다고 바늘허리에다 실을 맨다면 바느질이 되질 않겠죠. 무슨 일이든 절차와 순서가 있으니 침착하게 일을 처리하라는 뜻입니다.

급하면 밑 씻고 똥 눈다
똥을 눈 다음에 밑을 씻어야 하는 게 올바른 순서겠죠? 그만큼 급하면 순서가 마구 뒤바뀐다는 뜻이에요.

꾸어다 놓은 보릿자루
여럿이 모여 이야기하는 자리에서 아무 말도 하지 않고 옆에 가만히 있는 사람을 일컫는 말이에요.

꿀도 약이라 하면 쓰다
좋은 말이라도 충고라고 하면 괜히 기분이 나빠 듣기 싫어한다는 말. 몸에 좋은 약이 입에는 쓴 법이죠.

꿀 먹은 벙어리
속에 있는 생각을 표현하지 못하고 속으로만 끙끙 앓는 사람을 가리키는 말이에요.

꿩 잡는 것이 매다
꿩을 잡아야 매라고 인정할 수 있다는 뜻으로, 어떠한 방법을 사용하든지 목적을 이루는 것이 가장 중요하다는 말. 또는 실제로 제 구실을 해야 할 자격이 있다는 의미.

끈 떨어진 뒤웅박
의지할 데 없이 외롭고 불안하게 된 처지를 일컫는 말이에요.

나는 바담 풍 해도 너는 바람 풍 해라
한 서당에서 훈장이 '바람 풍'(風) 자를 가르치는데 혀가 짧아서 '바담 풍'으로밖에 소리가 나지 않자 학생들 역시 '바담 풍' 하고 따라 읽었어요. 그러자 훈장이 불같이 화를 내면서 "나는 바담 풍 해도 너희들은 바람 풍 해라"고 했다는 이야기에서 유래한 말. 자기의 잘못은 잘 모르면서 남에게만 잘 하라고 요구하는 사람을 빗대어 하는 말입니다.

나는 새도 깃을 쳐야 날아간다
새도 날개깃을 세차게 흔들어야 비로소 날 수 있는 법이죠. 어떤 일이든 순서를 밟아야 목적을 이룰 수 있다는 말로 준비가 없이는 결과를 얻을 수 없다는 뜻이에요.

나는 새도 떨어뜨린다
모든 일을 자기 뜻대로 할 만큼 권력과 세력이 대단함을 나타내는 말이에요.

나중 난 뿔이 우뚝하다
선배보다 그 후배들의 재주나 실력이 더 나을 때 하는 말이에요.

낙숫물이 댓돌을 뚫는다
작은 힘이라도 꾸준히 계속하면 큰일을 이룰 수 있음을 비유적으로 이르는 말.

낙숫물은 떨어지던 데 또 떨어진다
한번 버릇이 들면 고치기 어렵다는 뜻입니다. 나쁜 버릇이 들지 않도록 노력해요.

남의 눈에 눈물 내면 제 눈에는 피눈물 난다
남에게 모질고 악한 짓을 하면 자신은 더 심하게 벌을 받게 된다는 뜻.

남의 다리 긁는다
자기가 해야 할 일을 모른 채 엉뚱하게 다른 일을 할 때 쓰는 말.

남의 밥에 든 콩이 굵어 보인다
물건은 남의 것이 제 것보다 더 좋아 보이고, 일은 남의 일이 제 일보다 더 쉬워 보인다는 의미.

남의 돈 천 냥이 내 돈 한 푼만 못하다
아무리 작고 보잘것없어도 내 손 안에 있는 것이 남의 것보다 낫다는 뜻.

내리사랑은 있어도 치사랑은 없다
윗사람이 아랫사람을 사랑하기는 해도 아랫사람이 윗사람을 사랑하기는 좀처럼 쉽지 않다는 뜻이에요. 또한 부모님은 자식들에게 한없이 사랑을 베풀지만, 자식들은 부모에게 한없이 원하기만 한다는 뜻도 있어요.

내 손톱에 장을 지져라
손톱에 불을 달아 장을 지지면 그 고통이 어떨까요? 그런 모진 일을 겪을 각오를 하고도 자기가 옳다는 것을 장담할 때 쓰는 말.

누울 자리 봐 가며 발 뻗어라
실컷 한 일이 헛수고가 될 수도 있으니 무슨 일을 하든지 그 결과를 예측하면서 시작하라는 말이에요.

눈은 있어도 망울이 없다
있기는 있는데 가장 중요한 것이 빠져서 없는 것과 마찬가지라는 말. 또는 사물을 제대로 분별할 줄 모를 때 쓰는 말.

늙은 말이 길을 안다
나이와 경험이 많으면 그만큼 일에 대한 이치를 잘 안다는 뜻.

늦게 배운 도둑이 날 새는 줄 모른다
어떤 일에 남보다 뒤늦게 재미를 붙이면 그칠 줄 모르고 더욱 열중한다는 뜻이에요.

달걀도 굴러가다 서는 모가 있다
끝나지 않을 것처럼 질질 끌던 일도 언젠가는 끝나게 되니 희망을 가지라는 의미예요.

달도 차면 기운다
행운이 있으면 뒤에는 불운도 따른다는 말. 지금의 행운이 언제나 계속되는 것은 아니라는 뜻이에요.

당장 먹기엔 곶감이 달다
당장 좋은 것은 한순간뿐이고 참으로 좋고 이로운 것이 못 된다는 뜻.

도깨비는 방망이로 떼고, 귀신은 경으로 뗀다
몹시 귀찮은 존재를 멀리하는 데는 각각에 맞는 방법을 써야 효과적이란 뜻이에요.

도끼로 제 발등 찍는다
남을 해치려다 오히려 자기가 해를 입는다는 뜻이에요.

도둑을 맞으려면 개도 안 짖는다
운수가 나쁘면 하나부터 열까지 모든 것이 제대로 되는 일이 없다는 말이에요.

도둑이 제 발 저리다
죄를 지으면 자연히 마음이 조마조마하고 반드시 티가 나게 마련이라는 말이에요.

도둑이 매 든다
자기 잘못을 뉘우치거나 조마조마해 하지 않고 오히려 뻔뻔하게 큰소리를 치다니 기가 막히고 황당하죠.

독장수구구는 독만 깨뜨린다
옛날에 옹기장수가 길에서 독을 쓰고 자다가 꿈에 큰 부자가 되어 좋아서 뛰는 바람에 꿈을 깨고 보니 독이 깨졌더라는 이야기에서 유래. 쓸데없이 미리 셈을 하거나 궁리하는 것을 '독장수구구'라고 해요.

돈은 앉아서 주고 서서 받는다
남에게 돈을 빌려주기는 쉬우나 돌려받기는 매우 힘들다는 것을 비유적으로 이르는 말.

동냥은 안 주고 쪽박만 깬다
요구하는 것은 안 주고 도리어 방해만 하는 경우를 말해요. 심술쟁이 놀부가 잘 하던 짓.

두 손뼉이 맞아야 소리가 난다
무슨 일이든지 서로 뜻이 맞아야 이루어질 수 있다는 말이에요.

두 마리 토끼를 잡으려다 다 놓친다
욕심을 부려 한꺼번에 여러 가지 일을 하려다 그 가운데 하나도 이루지 못한다는 말.

드는 정은 몰라도 나는 정은 안다
정이 들 때는 잘 느끼지 못해도 정이 떨어져 싫어질 때는 확실히 알 수 있다는 말이에요. 또는 정이 들 때는 잘 느끼지 못했는데 막상 헤어질 때가 되니 그 정이 얼마나 두터웠는지 새삼 알게 된다는 뜻도 있답니다.

똥 묻은 개가 겨 묻은 개 나무란다
자기는 더 큰 흉이 있으면서 도리어 남의 작은 흉을 가지고 험담할 때 쓰는 말.

마른논에 물 대기
일이 매우 힘들거나 힘들여 해 놓아도 성과가 없는 경우를 가리키는 말이에요.

마른하늘에 날벼락
뜻하지 않은 상황에서 뜻밖에 입는 재난을 이르는 말이에요.

마음 없는 염불
하기 싫은 일을 형식만 꾸미고 억지로 한다는 뜻이에요.

말 많은 집은 장 맛도 쓰다
입으로는 그럴듯하게 말하지만 실상은 좋지 못하다는 말. 말이 많음을 경계하는 속담이에요.

말이 고마우면 비지 사러 갔다가 두부 사온다
상대편이 말을 고맙게 하면 이쪽에서도 후하게 인심을 쓰게 된다는 말이에요.

말 한마디에 천 냥 빚도 갚는다
말만 잘하면 어려운 일이나 불가능해 보이는 일도 해결할 수 있다는 말.

맛없는 국이 뜨겁기만 하다
교양이 없는 사람이 교만하고 까다롭게만 군다는 뜻이에요.

망건 쓰자 파장
장에 가려고 준비하는 동안 이미 파장하고 말았다는 뜻. 너무 늦장을 부리다가 기회를 놓치는 경우를 가리키는 말.

매달린 개가 누워 있는 개를 보고 웃는다
남보다 못한 형편에 있으면서 오히려 남을 비웃는 경우를 일컫는 말입니다.

먼 사촌보다 가까운 이웃이 낫다
가까이 지내는 이웃이 먼 데 사는 친척보다 훨씬 의지가 된다는 뜻으로, 이웃끼리 서로 도우며 사는 것이 중요하다는 의미입니다.

메뚜기도 오뉴월이 한철이다
5월에서 6월 경 농촌 들판을 주름잡던 메뚜기 떼도 시간이 지나면 사라지듯이 명예나 행운도 계속되지 않고 지나가기 마련이라는 말. 잘될 때가 있으면 안될 때도 있으니 항상 자만하지 말아야 한다는 의미예요.

며느리가 미우면 발뒤축이 달걀 같다고 나무란다
발뒤축이 달걀처럼 미끈하면 예쁜 것인데 그것도 흠이라고 한다니 너무하죠? 옛날부터 미운 사람에 대해서는 공연히 트집을 잡아서 억지로 허물을 지어낸다고 할 때 쓰는 말이에요.

물이 깊어야 고기가 모인다
마음이 깊어야 사람들이 따른다는 뜻. 마음 깊은 사람이 되려면 어떤 노력을 해야 할까요?

모처럼 능참봉을 하니까 한 달에 거둥이 스물아홉 번
오랫동안 기다린 끝에 모처럼 일자리를 하나 얻으니까 실속 없이 바쁘기만 하다는 말이에요.

모기 다리에서 피 뺀다
교묘한 수단으로 자기보다 약하고 힘 없는 사람에게도 재물을 뜯어내는 것을 말합니다.

모로 가도 서울만 가면 된다
수단이나 방법에 상관없이 목적만 이루면 된다는 말.

물 본 기러기 산 넘어가랴
그리운 사람이나 좋아하는 것을 봤는데 그냥 지나칠 리 없다는 말입니다.

물러도 준치 썩어도 생치
본래 좋고 훌륭한 것은 비록 상해도 그 뛰어남에는 변함이 없다는 의미예요.

물은 건너 보아야 알고 사람은 지내보아야 안다
사람은 겉만 보고는 알 수 없으며, 오래 겪어 보아야 사람됨을 알 수 있다는 말입니다.

미끄러진 김에 쉬어 간다
기회는 잘못되었지만 그때를 핑계 삼아 쉬거나 어떤 다른 행동을 하는 경우에 하는 말이에요.

미련이 담벼락 뚫는다
미련한 사람이 오히려 끈기가 있어 목표를 이루어낸다는 뜻. 끝까지 포기하지 않는 사람이 마지막에 웃는 법이죠.

밀가루 장사 하면 바람이 불고 소금 장사 하면 비가 온다
밀가루 장사를 하려고 장을 펼치면 바람이 불어와서 가루가 날리고 소금 장사를 하려고 하면 비가 와서 소금이 녹아내린다니 정말 운이 없죠? 일이 공교롭게도 매번 어긋남을 비유적으로 이르는 말입니다.

바늘구멍으로 하늘 보기
조그만 바늘구멍으로 넓디넓은 하늘을 제대로 볼 수 있을까요? 전체를 포괄적으로 보지 못하는 매우 좁은 생각이나 과정을 비꼬는 말이랍니다.

바늘 넣고 도끼 낚는다
작은 바늘을 가지고 낚싯대를 만들어서 물에 빠진 큰 도끼를 낚아 낸다는 뜻으로, 적은 밑천을 들여서 큰 이익을 얻으려 함을 비유하는 말.

바다는 메워도 사람 욕심은 못 채운다
사람의 욕심은 끝이 없어서 영원히 채워지지 않는다고 해요. 그만큼 사람의 욕심이 무섭다는 의미입니다.

반 잔 술에 눈물 나고 한 잔 술에 웃음 난다
남을 도와주려면 제대로 도와주어야 고마워한다는 뜻이에요. 대접은 조금만 소홀해도 서운한 법이니까요.

밥은 굶어도 속이 편해야 산다
배는 고파도 마음 편하게 사는 것이 낫다고 할 때 쓰는 말.

방귀 뀐 놈이 성낸다
방귀는 자기가 뀌어 놓고 오히려 남보고 성낸다니 어처구니 없죠? 잘못을 저지른 쪽에서 오히려 남에게 성내는 경우에 쓰는 말이에요.

뱁새가 황새를 따라가면 가랑이가 찢어진다
자기 처지에 맞지 않게 힘겨운 일을 억지로 하면 도리어 손해만 입는다는 말이에요.

법 밑에 법 모른다
법을 잘 지켜야 할 법률기관에서 도리어 법을 모르고 어기는 경우. 또는 자신에게 가까운 일을 정작 본인이 모르고 있는 경우.

벙어리 냉가슴 앓듯
벙어리가 안타까운 마음을 하소연할 길이 없어 속만 썩는다니 매우 답답하겠죠? 답답한 사정이 있어도 남에게 말하지 못하고 혼자만 괴로워하며 걱정하는 경우를 일컫는 말.

벼 이삭은 익을수록 고개를 숙인다
교양 있고 깨우침이 많은 사람일수록 잘난체 하지 않고 겸손하다는 뜻이에요.

복 없는 정승은 계란에도 뼈가 있다
성품이 곧기로 유명한 황희 정승의 집으로 어느날 세종대왕이 진상품들을 모두 보내라고 했대요. 그런데 하필 그날 큰비가 내려 진상품이 도착하지 못하고 겨우 계란 한 꾸러미가 들어왔는데, 그것조차도 공교롭게 모두 상해 있었다는 일화에서 비롯된 속담이에요. 모처럼 좋은 기회를 잡았지만 뜻대로 되지 않을 때를 일컫는 말이에요.

부뚜막의 소금도 넣어야 짜다
아무리 부뚜막 가까이에 있는 소금이라도 넣지 않으면 음식에 짠맛이 날 수 없겠죠?

분다 분다 하니까 하루아침에 왕겨 석 섬을 분다
잘한다고 칭찬하니까 우쭐해서 지나칠 정도까지 무리하게 됨을 비유적으로 이르는 말.

비를 드니까 마당을 쓸라 한다
지금 막 그 일을 하려고 하는데 그 일을 시키니 김샌다는 의미.

비 맞은 중놈 중얼거리듯
불만이 가득 차 남이 알아듣지 못할 정도의 소리로 투덜대거나 홀로 중얼거릴 때 쓰는 말이에요.

비 오는 날 장독 덮었다 한다
비가 오면 먼저 해야 할 일 중에 하나가 장독을 덮는 일입니다. 그런데 그것을 했다고 자랑하는 것은 당연히 할 일을 하고 생색내는 것이죠.

비지 먹은 배는 연약과도 싫다 한다
비지와 같은 하찮은 음식이라도 배불리 먹고 나면 연약과와 같이 맛있고 먹기 좋은 음식도 먹을 생각이 나지 않죠. 하잘것없는 음식도 배만 부르면 더이상 어떤 음식도 먹을 수 없다는 뜻이에요.

빈 수레가 요란하다
실속 없는 사람이 겉으로 더 요란하게 말하는 것을 비유적으로 이르는 말이에요.

뿌리 깊은 나무 가뭄 안 탄다
땅속 깊이 뿌리 내린 나무는 가뭄에도 말라 죽는 일이 없습니다. 무엇이든 기초가 튼튼하면 어떠한 시련이 와도 견뎌낼 수 있답니다.

사공이 많으면 배가 산으로 간다
배는 바다로 가야 하는데 사공이 많으면 엉뚱하게 산으로 갈 수 있다는 뜻입니다.

사돈네 안방 같다
사돈네 안방처럼 감히 넘겨다 보지 못할 만큼 어렵고 조심스러운 곳을 가리키는 말이에요.

사촌이 땅을 사면 배가 아프다
남이 잘 되는 것을 기뻐해 주지는 않고 오히려 질투하고 시기하는 경우에 자주 쓰는 속담이에요.

사흘 길에 하루쯤 가서 열흘씩 눕는다
사흘이나 걸리는 길을 급히 가려다가 열흘씩 앓아눕는다는 뜻으로, 일을 처음부터 너무 급히 서두르면 제 시간보다 더 오래 걸릴 수 있답니다. 또는 일하는 시간보다 쉬는 시간이 더 많아 몹시 게으르단 뜻도 있어요.

산 넘어 산이다
가면 갈수록 더 어려운 일이 생긴다는 뜻으로 일이 쉽게 풀리지 않을 때 사용하는 말.

산 호랑이 눈썹도 그리울 게 없다
희귀한 보물인 산 호랑이의 눈썹도 아쉬울 게 없다는 뜻으로, 모든 것을 다 가지고 있어서 세상에 부러울 것이 없다는 말입니다.

상주보다 복재기가 더 서러워한다
직접 일을 당한 사람보다 주변 사람들이 더 심하게 걱정한다는 의미예요.

새도 가지를 가려서 앉는다
새도 앉을 가지를 고르고 앉는대요. 친구를 사귀거나 직업을 택하는 데에도 신중하게 잘 가리고 골라야 한다는 말.

새도 염불하고 쥐도 방귀 뀐다
여러 사람이 춤추고 노래하는 데 수줍어하며 함께 어울리지 못하는 사람을 놀리며 하는 말이에요.

새벽달 보자고 초저녁부터 기다린다
새벽에 뜰 달을 보겠다고 초저녁부터 나가서 기다린다니 너무 급하죠? 일을 너무 일찍부터 서두르는 경우에 이런 말을 하죠. 무슨 일이든 차근차근 해야 좋은 결과를 얻을 수 있답니다.

새침데기 골로 빠진다
얌전해 보이는 사람이 한 번 길을 잘못 들면 보통 사람들보다 더욱 나쁜 길로 빠지게 된다는 뜻.

샘을 보고 하늘을 본다
평소에는 무관심하다가 샘 속에 비친 하늘을 보고서야 비로소 하늘을 쳐다본다는 뜻으로, 늘 가까이 있는 것을 우연히 새롭게 깨달을 때 하는 말이에요.

서당 개 삼 년에 풍월을 한다
어떤 분야에 대해 아는 것이 없는 사람도 그 분야에 오래 있으면 지식과 경험을 갖게 된다는 의미입니다.

서울 가서 김 서방 찾기
넓은 서울에서 주소도 이름도 없이 그 흔한 김 서방을 찾을 수 있을까요? 잘 알지도 못하면서 무턱대고 찾아다니는 경우를 일컫는 말입니다.

서천에서 해가 뜨겠다
해는 항상 동쪽에서 떠서 서쪽으로 지는 게 자연의 이치죠. 절대 일어날 수 없는 일이 일어날 정도로 너무나 뜻밖의 일을 당했을 때 쓰는 말이에요.

선무당이 사람 잡는다
의술에 서투른 사람이 치료해 준다고 하다가 사람을 죽이기까지 한다는 뜻으로, 제대로 알지 못하면서 어설프게 아는 척하다 다른 사람의 일을 망치게 된다는 의미예요.

선무당이 장구 탓한다
할 줄 모르는 사람일수록 핑계가 많다. 또는 서투른 솜씨를 핑계 대어 변명한다는 의미.

세 사람만 우겨 대면 없는 호랑이도 만들어낼 수 있다
거짓말도 여럿이 하면 진짜처럼 듣게 된다는 뜻으로, 여럿이 힘을 합치면 안 되는 일이 없겠죠?

소 닭 보듯
아무 관심도 없이 무심하게 쳐다본다는 뜻이에요.

소문난 잔치에 먹을 것 없다
겉은 떠들썩하고 화려한 데 비해 오히려 속은 비어 있다는 말이에요.

쇠귀에 경 읽기
둔한 사람은 아무리 가르치고 일러 주어도 알아듣지 못한다는 뜻입니다.

술에 술 탄 듯, 물에 물 탄 듯
어떤 일을 하기 전이나 한 뒤에나 변화가 없는 경우를 비유한 속담이에요.

숭어가 뛰니까 망둥이도 뛴다
제 처지는 생각지도 않고 자신보다 나은 사람을 무조건 따라하려고만 한다는 뜻.

시작이 반이다
무슨 일이든지 시작이 어렵지 일단 시작하면 일을 끝마치기는 그리 어렵지 않다는 뜻.

신주 개 물어 간다
뭉그적대다가 절호의 기회를 놓치거나 남에게 빼겨 사정이 딱하게 된 경우를 가리키는 말.

쏘아놓은 살이요, 엎질러진 물이다
한번 저질러 놓은 일은 다시 고쳐질 수 없다는 뜻. 신중하게 생각하고 실천에 옮기세요.

아니 땐 굴뚝에 연기나랴
원인이 없으면 결과도 없다는 말입니다.

아닌 밤중에 홍두깨
예상치도 않았는데 갑자기 뜻하지 않은 일을 당한 경우에 쓰는 말이에요.

아비만 한 자식 없다
자식이 부모에게 아무리 잘해도 부모가 자식 생각하는 것만은 못하다는 말. 또는 자식이 아무리 훌륭하더라도 부모만큼은 못하다는 의미도 있습니다.

앉아 주고 서서 받는다
빌려 주기는 쉬우나 돌려받기는 어렵다는 뜻.

얌전한 고양이 부뚜막에 먼저 올라간다
겉으로는 얌전한 사람이 엉뚱한 짓을 하거나 자기 실속을 다 차리는 경우를 가리키는 말이랍니다.

양지가 음지 되고 음지가 양지 된다
세상일이란 돌고 도는 것이어서 처한 사정이나 형편이 뒤바뀌는 경우가 많다는 의미입니다.

언 발에 오줌 누기
언 발을 녹이려고 오줌을 누면 잠깐은 따뜻할진 모르지만 결국엔 그 오줌까지 얼게 돼요. 순간의 위기를 모면하려다 결국 상황이 더 나쁘게 되었을 때 쓰는 말입니다.

열흘 나그네 하룻길 바빠한다
오래 걸릴 일은 처음에는 그리 바쁘지 않은 듯하더라도 급히 서둘러 하지 않으면 안 된다는 뜻. 또한 너무 급히 서두르지 말라는 의미도 있어요.

열 길 물속은 알아도 한 길 사람 속은 모른다
물은 아무리 깊어도 깊이를 잴 수 있으나 시시각각 변하는 사람의 마음은 도저히 알기 어려운 법이죠.

열 사람이 지켜도 한 도적을 못 막는다
여러 사람이 함께 지켜도 한 사람이 나쁜 짓을 하려고 작정을 하면 막을 수 없다는 말이에요.

염불에는 맘이 없고 잿밥에만 맘이 있다
맡은 일에는 정성을 다하지 않으면서 자기 욕심을 채우기 위해 다른 곳에만 마음을 쓰는 경우를 이르는 말이에요.

요강 뚜껑으로 물 떠 먹은 셈
오줌 누는 그릇의 뚜껑으로 물을 마신다는 것, 상상만 해도 불쾌하죠? 별일은 없으리라고 생각하면서도 어딘지 개운하지 않고 마음에 걸린다는 의미예요.

우물귀신 잡아넣듯 하다
우물귀신은 다른 사람을 대신 끌어넣어야 우물에서 빠져나올 수 있다는 미신에서 유래한 말이에요. 어떤 어려움이나 걱정에서 벗어나기 위해 남을 대신 곤란하게 만들 때 쓰는 속담입니다.

우물에 가 숭늉 찾는다
모든 일에는 질서와 차례가 있는 법인데 참지 못하고 성급하게 덤비면 어떻게 될까요?

우물 옆에서 목말라 죽는다
도무지 융통성이 없고 소극적이어서 답답한 사람에게 하는 말이에요.

울고 싶자 때린다
마침 울고 싶은데 때리니 좋은 구실이 생긴 거겠죠. 하고 싶은데 좋은 핑계거리가 생겼을 때 쓰는 말.

웃느라 한 말에 초상 난다
농담으로 한 말이 상대방을 죽게 할 수도 있다는 뜻. 무심코 던진 돌멩이에 개구리가 맞아죽을 수 있단 말도 있어요.

원님 덕에 나팔 분다
원님 옆에 있으면 원님이 받는 후한 대접을 같이 받는다는 뜻으로, 다른 사람 덕분에 호강할 때를 일컫는 말.

일각이 삼추 같다
짧은 동안도 삼추(三秋), 즉 세 번의 가을이 지난 것처럼 여겨진다는 말이에요.

입에 쓴 약이 병에는 좋다
자기에 대한 충고나 비판이 당장은 듣기 싫더라도 이를 받아들이면 나중에라도 자신에게 도움이 된다는 말.

입은 비뚤어져도 말은 바로 해라
어떤 일이 있어도 언제나 말은 정직하게 해야 한다는 뜻이에요.

자는 벌집 건드린다
그대로 가만히 두면 아무 탈이 없을 것을 공연히 건드려 문제를 일으키는 경우에 하는 말입니다.

자다가 봉창 두드린다
앞뒤 상황에 전혀 관계없는 엉뚱한 소리를 불쑥 함을 비유적으로 이르는 말이에요.

자라 보고 놀란 가슴 솥뚜껑 보고 놀란다
어떤 일에 한 번 몹시 놀라면 그와 비슷한 것만 보아도 겁을 내기 쉽답니다.

잘되면 제 탓 못되면 조상 탓
성공한 일은 자기 공으로, 실패한 일은 남의 탓으로 돌리는 경우. 또는 자신에게 유리한 방향으로 해석하는 사람을 일컫는 말이에요.

재주는 장에 가도 못 산다
재주는 돈으로 살 수 있는 것이 아니라 배우고 익혀서 능력을 키워야 한다는 의미에요.

저 먹자니 싫고 남 주자니 아깝다
자기한테 소용이 없는 물건도 막상 남을 주자니 아깝고 싫다는 뜻입니다.

젊어서 고생은 사서도 한다
젊었을 때 겪은 고생은 중요한 경험이 되므로 부지런히 노력하면 뒷날 큰 보람을 얻을 수 있다는 말.

제 논에 물 대기
남이 손해를 보든 말든 상관없이 자기의 이익만 생각하고 행동한다는 뜻입니다.

죄는 지은 데로 가고 덕은 닦은 데로 간다
나쁜 일을 하면 벌을 받고 착한 일을 하면 복을 받는다는 말입니다.

지성이면 감천
누구나 정성을 다하면 하늘이 도와 이루어질 수 없을 것 같던 소원도 이루어진다는 뜻이에요.

짖는 개는 물지 않는다
시도 때도 없이 짖는 개는 정작 불안하고 초조해서 으르렁대는 것일 뿐이라고 해요. 겉으로 떠들어대는 사람이 도리어 알맹이는 없는 경우에 쓰는 속담입니다.

쪽박을 쓰고 벼락을 피하랴
작은 바가지를 쓰고서는 쏟아지는 물도 막기 어려운데 벼락을 피하는 것은 어림도 없겠죠? 봉변을 당했을 때 당황해서 저도 모르는 사이에 어리석은 방법으로 벗어나려고 하는 경우를 일컫는 말이에요.

첫술에 배 부르랴
어떤 일이든지 단번에 만족할 수 없죠. 꾸준히 노력하다 보면 좋은 결과가 생긴답니다.

친구 따라 강남 간다
여기서 강남은 중국 양자강 남쪽의 아주 먼 곳을 가리키는 말이에요. 뚜렷한 자기 주관 없이 남에게 끌려서 덩달아 하게 되었을 때 쓰는 속담입니다.

코 막고 답답하다고 한다
자기 힘으로 쉽게 할 수 있는 일을 엉뚱하게 다른 곳에서 해결하려 할 때 하는 말이에요.

콩으로 메주를 쑨다 하여도 곧이듣지 않는다
분명한 사실을 말해도 믿지 않는다는 뜻이니, 거짓말을 자주 하는 사람이 진실을 말해도 믿어주지 않을 때 쓰는 말이랍니다.

콩 볶아 먹다가 가마솥 터뜨린다
작은 이익을 탐내다가 큰 손해를 보는 경우.

콩을 팥이라 해도 곧이 듣는다
남이 거짓을 말해도 곧이곧대로 잘 믿는 것을 비유적으로 이르는 말이에요.

탕건 쓰고 세수한다
탕건 벗고 세수하는 것이 순서에 맞지만, 일의 순서가 틀려 모양이 안 좋게 되었다는 뜻입니다.

파장에 엿장수
때를 놓치고 볼품사납게 된 사람이나 경우를 일컫는 말.

털도 아니 난 것이 날기부터 하려 한다
제 분수나 능력에 맞지 않는 일을 하려고 하는 어리석은 사람을 일컫는 말이에요.

털어서 먼지 안 나는 사람 없다
누구나 결점을 찾아 보면 작은 허물 하나쯤 없는 사람이 없다는 말이에요.

평양감사도 저 싫으면 그만이다
아무리 좋은 일이라도 자기가 싫어하면 억지로 시킬 수 없다는 뜻이에요.

품 안의 자식
자식이 어렸을 때는 부모를 따르나 차츰 자라면 부모로부터 멀어진다 하여 쓰는 말입니다.

풍년거지가 더 섧다
남은 다 잘 사는데 자기 혼자만 어렵게 지내는 것이 서럽다는 의미예요.

핑계 없는 무덤이 없다
무슨 일이라도 반드시 둘러댈 핑계와 사연은 있다는 말이에요.

하나만 알고 둘은 모른다
사물의 한 면만 보고 전체적으로 보지는 못한다는 뜻으로, 생각이 밝지 못하여 도무지 융통성이 없고 미련하다는 말입니다.

하늘이 무너져도 솟아날 구멍이 있다
아무리 어려운 상황에서도 침착하게 대처하면 극복할 수 있다는 말입니다. 힘들어도 절대 포기하지 마세요.

하늘의 별 따기.
하늘에 있는 별을 따는 건 불가능한 일이겠죠? 무엇을 얻거나 이루기가 매우 어려운 경우를 일컫는 말이에요.

향기 나는 미끼 아래 반드시 죽는 고기가 있다
옛날 중국 월나라 왕은 오나라 왕에게 미녀 서시를 바쳤는데, 그때부터 오나라 왕은 서시에게 흠뻑 빠져서 놀기만 하고 나라를 돌보지 않았대요. 결국 오나라는 급격하게 쇠약해졌고 월나라의 공격으로 왕도 죽고 나라도 망했다는 데서 유래한 말이에요. 당장 편하고 싶고 즐기고 싶은 유혹에 쉽게 넘어가면 반드시 후회하게 된답니다.

호랑이 굴에 가야 호랑이 새끼를 잡는다
원하는 결과를 얻으려면 그에 마땅한 노력을 해야 한다는 말입니다.

호랑이 없는 골에 토끼가 왕 노릇 한다
뛰어난 사람이 없는 곳에서는 그보다 못난 사람이 큰소리 치며 잘난 체 한다는 뜻이에요.

호박에 말뚝 박기
심술궂고 성격이 고약하여 못된 짓을 일삼는다는 뜻이에요. 놀부가 잘하던 나쁜 행동 중 하나죠.

황소 뒷걸음질하다 쥐 잡는다
어리석은 사람도 어쩌다 한몫 할 때가 있다는 말이에요. 어쩌다 우연히 이루거나 알아맞힐 때 쓰는 속담이기도 하답니다.

흥정은 붙이고 싸움은 말리랬다
좋은 일은 권하고 나쁜 일은 말려야 한다는 뜻이에요.

기획 **컨텐츠연구소 수(秀)**

우리 아이들의 말과 글을 어떻게 하면 더 풍성하게 하여 문해력을 높일까 연구하는 기획집단. 전·현직 교사, 학부모, 에디터 등 해당 분야의 전문가들이 머리를 맞대고 정보를 나누며 아이들의 어휘력 향상이라는 지향점 아래 지속적인 시도를 하고 있다.

글씨 바로쓰기 속담편 고학년 1

ISBN 979-11-92878-37-9 73710

개정2판 1쇄 펴낸날 2025년 1월 15일

펴낸이 정혜옥 || 기획 컨텐츠연구소 수(秀)
표지디자인 book design twoesdesign.com || 표지일러스트 오성수 || 본문일러스트 강승구
마케팅 최문섭 || 편집 연유나, 이은정

펴낸곳 스쿨존에듀
출판등록 2021년 3월 4일 제 2021-000013호
주소 04779 서울시 성동구 뚝섬로 1나길 5(헤이그라운드) 7층
전화 02)929-8153 || 팩스 02)929-8164
E-mail **goodinfobooks@naver.com**